"阅读伴我成长" 系列丛书编委会

主　编：梁晓英

副主编：宋一江　金剑辉　凌肖宏

编　委：葛津锦　杜　平　高　宇

点　评：郎　笑　沈　宇　张金红

　　　　徐玉根　盛迎春　张国峰

2022 年中学卷

一路诗书 好年华

"阅读伴我成长"系列丛书编委会 编

浙江文艺出版社
Zhejiang Literature & Art Publishing House

图书在版编目(CIP)数据

　　一路诗书好年华:2022年中学卷/"阅读伴我成长"系列丛书编委会编. —杭州:浙江文艺出版社，2023.4
　　ISBN 978-7-5339-7210-3

　　Ⅰ.①一… Ⅱ.①阅… Ⅲ.①作文—中学—选集 Ⅳ.①H194.5

　　中国国家版本馆CIP数据核字(2023)第056188号

责任编辑　岳海菁
责任印制　吴春娟
封面设计　吴　瑕

一路诗书好年华

(2022年中学卷)

"阅读伴我成长"系列丛书编委会　编

出版发行　浙江文艺出版社
地　　址　杭州市体育场路347号
邮　　编　310006
电　　话　0571-85176953(总编办)
　　　　　　0571-85152727(市场部)
制　　版　杭州天一图文制作有限公司
印　　刷　浙江超能印业有限公司
开　　本　710毫米×1000毫米　1/16
字　　数　157千字
印　　张　9
插　　页　2
版　　次　2023年4月第1版
印　　次　2023年4月第1次印刷
书　　号　ISBN 978-7-5339-7210-3
定　　价　35.00元

最是书香能致远

习近平总书记多次强调："要提倡多读书，建设书香社会，不断提升人民思想境界、增强人民精神力量，中华民族的精神世界就能更加厚重深邃。"读书是一个人精神成长，实现精神富有的最佳途径；读书是提高市民素质进而推动社会进步的有效办法。"全民阅读"是一座城市文明程度提高的重要标志。

嘉兴的"阅读伴我成长"读书活动，以书香涵养城市文明，以阅读浸润城市灵魂，滋养了一代又一代读者，诠释了"勤善和美""勇猛精进"的嘉兴人文精神。一批又一批嘉兴市中小学生通过这项活动徜徉书海、爱上阅读、学会读书。

本征文活动的获奖作品集记录了孩子们读书的心得感悟，字里行间散发着浓郁的书香气息，跳动着童真童趣，闪耀着灵光乍现的思想火花。

商务印书馆掌门人张元济先生撰有一副对联："数百年旧家无非积德，第一件好事还是读书"。书是人类记忆和想象的延伸，潜藏着无限的可能。遨游书海，就好比涉远探险，去发现比当下更美丽更生动的风景。品读一本好书，如同与一位智者对话：顺境时，给你警醒；迷惘时，给你希望；挫折时，给你信心；追梦时，给你力量。以书籍为灯塔，人们不断开掘、延展生活的光谱。北宋诗人黄庭坚说："人不读书，则尘俗生其间。"因为阅读，许多人能超越庸常，积蓄向上的力量。

读万卷书，行万里路。读书是陪伴我们一生的事。培根说："读史使人灵秀；数学使人周密；哲理使人深刻；伦理学使人有修养；逻辑修辞之学使人善辩。"孟德斯鸠说："喜欢读书，就等于把生活中寂寞的辰光换成巨大享受的时刻。"选择了读书，也就选择了思考和进步。读书促使我们不断地完善自我、提高能力。读书是无止境的,但人的精力是有限的,我们不可能把所有的书读完。要学会在知行合一的实践中,在有限的时间里,取得最佳的读书效果。

最是书香能致远。让我们一起积极主动地读书学习,摒弃心浮气躁,坚守持之以恒,读出书中深蕴着的灼热的理想信仰、炽烈的家国情怀,读出我们无限可能的未来!

"阅读伴我成长"系列丛书编委会

2023年3月

目　录

方正育英魂，自强铸国盛

——读《世说新语》有感

◆学校:嘉兴市南溪中学　◆作者:罗京　◆指导老师:孙群

记言则玄远冷隽，记行则高简瑰奇。

——鲁迅

　　有这么一本书，记载了从汉魏到东晋的趣事奇人，书中只言片语便能刻画出一个栩栩如生的人来，对名士们的种种性格、追求、嗜好都有生动的描写。这本书便是《世说新语》。在一千多年后的今天，我利用暑假的时间，沿着历史的河流逆流而上，去一睹中国思想史黄金时期的风尚光景。

　　何为名士？答:有名的人。评:废话。如果按书中的标准来看，名士，那便是做的事情足够成功，以至于让人们都很尊敬他，进而把他写进这本奇书里，尊为"名士"。但我认为并不如此，至少不全是。

　　在这之前，还请先让我讲一个书中的故事。

　　苏峻的叛军攻打到了石头城下，城内的百官都各处奔走逃散，作为侍中的钟雅独自留守在晋帝的旁边，纵使没有一兵一卒，也决定留在城中，和敌人做殊死搏斗。

　　这是选自《世说新语·方正》的一篇故事。方正，顾名思义，代表着正直和刚正不阿。故事中的钟雅最后于这场叛乱中遇害，这时候再去看名士的评价，却又值得玩味了。

　　从做出的事情的结果来评价，显然，钟雅是失败的，他既挽救不了摇摇欲坠的东晋王朝，也没能保住自己的性命。是他不知道坚守的后果吗？不是的，故事中也写到有人曾劝过他"君性亮直，必不容于寇仇，何不用随时之宜"，可他拒绝了。

这便是故事中令人不解的地方，螳臂当车，自知无半点生路，却义无反顾地踏出了那一步，牺牲了自己的生命，什么也没有改变。这一切，值得吗？

值得！

因为世界不是非黑即白的，人们也从不以成败论英雄。这个世界上，有一种人叫义士，有一种信念叫无畏，有一种精神叫献身。而这些品质，已经刻入了我们这个民族的基因里，是我们血脉中不可分离的一部分。

两千多年前，传说春秋时期的铸剑师会跳入炼剑炉，以求铸出的宝剑能在别人的手中劈断任何邪祟。

数百年前，面对朝廷高堂之上欺压百姓的严嵩，杨继盛一纸劾书，"只求一死"足见他的勇气，书中字字惊心，条条致命，犹如一把无畏的利剑，要劈斩黑暗的朝廷。

九十多年前，神州大地上更是爆发了抗日战争，无数的英雄儿女投身战场，为保家园而血洒疆场。

写下这篇文章的时候，正是抗日战争胜利的第77年。或许77年前的日本人，在面对胜利的中国时，怎么也没想到开战前弱小的中国，能爆发出如此巨大的能量。国民党一个将领曾谈过中国共产党能取得最后的胜利是因为共产党有人愿意去啃骨头，而国民党都想吃肉，每每看到这段历史，难免热泪盈眶。

当我想到我们这个民族时，总是会涌起自豪感来。中华文明作为四大古文明中仅存的文明，我们从未中断过，因为每当国家民族危难之际，总会有人挺身而出，挽狂澜于既倒，扶大厦之将倾。

现在再让我们回到开头，名士是什么呢？

名士，便是脱离了低级趣味的人，一个有高尚品德的人，一个对人民有益、对国家忠心耿耿、满怀抱负的人。

古人曾说"朝闻道，夕死可矣"，若是为了大义，死又何妨？往昔的英雄人物们，站在勇气的巅峰上，嘲弄着死神的无能！

那些黑暗中站着的人啊，他们的精神却如同黎明的阳光，撕开了黑幕，为如今的我们指引着方向。现在回望生活中的苦难，似乎也不过是一个个稍大点的绊脚石，用方正的品德去行事，自然是能陶冶情操，足以让人尊敬的。如周子居所说"吾时月不见黄叔度，则鄙吝之心已复生矣"，可见一个人若是品德高尚，不仅能够自强，还能影响到周边的人。

而我作为生在华夏,在马列主义中成长的青年,应当有着伟大的理想,随时准备投身到战斗和学习中。"俱往矣,数风流人物,还看今朝",是啊,如今的命运掌握在我们自己的手中,历史的车轮不断向前,而我们能否接好名士们递过来的接力棒,做好当代名士,为时代发展贡献出自己的一份力量呢?

点石成金

以个性视角,以时代视角,以宏观视角读名著,小作者此文做了好范例。该文有一个好的切入点,聚焦名士风度,但写作者不囿于《世说新语》,而是以此为话题发微,评点方正精神的时代意义。如入历史之长河,情怀激荡;如观革命之洪流,壮怀激烈。这是一篇读后感,更是一位热血少年于新时代的宣言稿、责任担当书。让我们窥见小作者选择性阅读的智慧,发点精微,思接千里,怎能不让人称叹!

回首向来萧瑟处,也无风雨也无晴

——读《人生海海》有感

◆学校:上海外国语大学秀洲外国语学校　◆作者:张贝妮　◆指导老师:姚济妹

一个英雄被时代的洪流裹挟着前行,被仰望,被爱,被敬畏,被怀念,也被耻笑,被猜测,被磋磨……《人生海海》可谓是我最喜欢的一本书了,我敬佩主人公上校的顽强与心志坚定,更看到了人生的真谛。这本书虽让人潸然泪下,但能让人在哭过后更加坚强地生活。

所谓传奇,不过是英雄的崛起与落魄。

文中的上校便是人人心目中的传奇。

"喀!喀!喀!声声刺耳,步步惊心,像冰封的雪在被刀割,被锤击。"就连他的出场,作者麦家都花了不少笔墨渲染,这不免让初读时的我更加好奇了。上校的前半生有过风光无限的时候,也有过在底层摸爬滚打的时候,在种种磨炼下,他有了自己坚定不移的信念,也留下了不可磨灭的创伤。

年轻时的上校和"我"父亲一起向木匠学艺。那时的上校就将自己的聪明才智展露出来,别的学徒要学三年才能出师,他一年就全会了,甚至还自己开了个小作坊。然而,人生处处是"惊喜",一次出门采购意外被挑去参军,开启了他不一样的人生传奇。

天赋异禀的他短时间内职位连升,后因其高超的外科医术声名鹊起,那套独一无二的纯金手术刀具更让人记忆深刻。到此,英雄快速崛起,造就了一段传奇。然而之后,他当上了卧底,为了赢得女特务的信任,任凭其在自己的肚子上刻字,而这成了他一辈子的污点和他落魄的根本原因。为此,他再也没有勇气向心爱的女人靠近,狠心拒绝了爱慕他的林护士,还被诬陷而失去了工作和辉煌。回村后,村民们好奇他重新回来的原因,每天都津津乐道地谈论着他,甚至在他身上强加了"太监"这一绰号。他本是一个英雄,却整天被人们的流言蜚语淹没。没有人真正清楚地知道,他到底受过多少屈辱,又立下过多少功劳……

终于,在特殊的历史时期,对他展开的批斗,人们好奇所带来的伤害,以及自己的执念,将他推下谷底。是的,他失去了理智,迷失在了斗争的狂热中。悲情的上校没有被死亡带走,却被人给逼疯了——人的崩溃,往往看似在一瞬,实则"蓄谋"已久。对于人心的绝望,日复一日蚕食了他抗争的勇气。

执念太深,往往也会成为伤害自己的一把刀。

著名主持人董卿,看完了上校的故事,也想起了自己心中的阴霾:小时候被父亲严格要求,不许买新衣服,不允许打扮,暑假必须自己打工赚钱;父亲从不安抚自己,只会严格要求自己;长期得不到父亲的认可,让她拼命想做到最好,镜头前侃侃而谈的她,内心也充满了自卑。写下这本书的麦家同样经历了一段难熬的心路历程,父亲的棍棒教育让他产生了深深的阴影,他渴望远离父亲,却没想到面对的是与父亲十七年的离心。父子间的隔阂是难以跨越的鸿沟,让麦家痛心不已……

人生海海,敢死不叫勇气,活着才需要勇气。一个心志坚定的上校,一个宁愿背骂名也要守住秘密的上校,最终被摧残了。所有的执念成了反噬其内心的魔鬼,是他心中无法愈合的伤痕。

好在随着时间的流逝,当年那位林护士主动上门,不离不弃地照顾上校。退回孩童心智的上校,依然让人惊艳于他偶然闪现的才能。

让我感触最深的是,上校曾经将那些刻字视为一辈子的耻辱,为保护里面的秘密,甘愿当"太监",当光棍,当罪犯,现在却冒着被老伴痛骂的风险,主动示人。我感慨万千,奇怪这世界怎么这么残酷无情。

是啊,这世界上有太多不同的痛苦。

上校最大的痛苦在于这个要命的秘密,说不得,碰不得,他带着这个耻辱隐忍地活着,恐惧,委屈,痛恨,却依然能够谈笑风生地活着,救人于危难之中。文中的"我"也是如此。特殊历史时期的打搅,让"我"选择独自在异乡漂泊,早年一直靠着做垃圾生意为生,前妻的死去让"我"痛苦不已。还有林护士,身世凄惨,饱受屈辱,却能做到心有雷霆面若静湖,这是生活的厚度,是沧桑积累起来的顽强。尽管上校早已失去了往日的光辉,她却依然不离不弃……

"回首向来萧瑟处,也无风雨也无晴。"人生海海,时间终将让一切和解。

　　我喜欢《人生海海》，不仅因为主人公曲折、传奇的经历，还因为作者以自己的视角，带领我们看尽人生百态，像朋友一样告诉我们，哪怕历经沧桑，也要不忘初心，最终找到自我。

　　"人生海海"是一句闽南语，形容人生复杂多变，但又不止于此意，它告诉我们，生活像大海一样宽广，但无论生活多么艰难，我们都要好好活下去。

　　是啊，世上有一种英雄主义，那就是认清生活的真相后依然热爱生活。

　　致敬生活中的——

　　每一位英雄！

 **点石成金**

　　好的读后感，都带着对人生母题的追问。何为英雄？小作者如是追问。写阅读《人生海海》的感言，她以高度凝练的语言，叙写作品主人公的人生浮沉；以独特精微的视角，思考面对苦痛的人生选择。其中有援引，董卿的成长经历与故事映衬，让说理透彻；其中有抒怀，对英雄主义的思辨，诠释了"不忘初心，方得始终"的至理。入乎其中，故文有生气；出乎其外，故思有高致！

以奋斗,致青春

——读《平凡的世界》有感

◆学校:嘉兴市文贤学校　◆作者:全一诺　◆指导老师:谢海燕

生如逆旅,一苇以航。

——题记

　　朝阳冉冉升起,秋日里的打枣节热闹喧哗,这么一个平凡的世界里,有一群人平凡却不普通,用自己的汗水浸染了双水村的土地,追求奋斗结成的果实,不言放弃,勇敢逐梦。

　　"奋斗"一词是《平凡的世界》一书的主题词。书中孙少平为了梦想去外面闯荡,一步步从漂泊的揽工汉到正式的建筑工人,再成为煤矿工人。他在事故中救护徒弟身负重伤,女友田晓霞在抗洪采访中为救灾民光荣献身,但是孙少平却从不被生活的苦楚所击败,不沮丧于一时的坎坷,为心中的追求挥洒汗和泪,满怀信心,勇往直前。哥哥孙少安也是如此,6岁开始干农活,支撑起风雨飘荡的家,带领双水村的人发家致富,他肩膀上扛着责任,一步步走过烈阳,跑过暴雨,生命的底色镌有土地的黄色、人生的红色。

　　"青春"是书中田晓霞永远热忱为他人燃烧的心。她作为记者,恪守职业道德,有思想有担当,尽管一生短暂,可青春之花凋谢也有余香。正如作者路遥所言:"只有永不竭止的奋斗……才能使青春之花即便凋谢也是壮丽的凋谢。"平凡的世界里,每个人都在蜕变、在拼搏、在追逐,无悔青春无悔未来,他们为奋斗献以青春,平凡却不平庸!

　　忆起往昔,青春的奋斗未曾停下,青年的力量铿锵有力。古时,囊萤微光下,有车胤夜晚苦读，勤奋学习；现代，在寒冷夜里，有鲁迅摘下一根辣椒放在嘴里嚼着，以此驱寒坚持读书，最终成为我国著名的文学家；当代，有陈景润摘取"皇冠上的明珠"，为"哥德巴赫猜想"研究做出重大贡献；今朝，更有王卫秉着"破釜沉舟"的决心，通过抵押、贷款种种方式的"豪赌"换来今天顺丰快递的累累硕果，用新时代的青年之力，去努力，去前进。

少年强则国强。我们是中华儿女，是龙的传人，是为实现中国梦、中华民族伟大复兴而不懈奋斗的新时代接力者、奋斗者、开拓者。青春，将是我们奋斗的动力源泉，面对挫折，我们砥砺奋进；面对困难，我们勇毅前行；面对失败，我们无畏无惧。正如顾拜旦所言："对人生而言，重要的不是凯旋，而是战斗。"最近几年是不平凡的几年，疫情来势汹汹，一批90后的青年能以过硬的本领、坚定的决心身赴前线，担当前行，是新时代最美的"逆行者"。朱海秀曾在镜头前摆手："我不想哭，哭花了护目镜没法做事。"她正是无数新生力量献身于理想和青春的代表。在冬奥赛场，追求自我的突破超越，攀登路上的荆棘也能成为独特的风景——谷爱凌不畏失败后的伤痛，不惧莫大的压力与未知，短暂的训练后在决赛中跳出了此前从未尝试的1620度空中转体，实现了对自我的超越。他们的恒心和毅力践行了"奋斗"二字，不服输，不气馁！

青春逢盛世，奋斗正当时！那我呢？我是否也能做到像孙少安、孙少平那样把奋斗带进生活，赋予青春呢？是否能不怨恨白天的慵懒散漫，又忘却晚上的信誓旦旦呢？是碌碌无为、虚度韶华，还是踏踏实实、拼搏奋斗？是成为笑傲天穹的精灵，还是成为陆地上不起眼的小草？我是否能再拾曾经丢下的那份拼劲，更加努力拼搏，让自己不那么平庸，做到真正的无悔呢？一切都取决于自己，一切都是由我来做主。不言败、不放弃、不退缩，让"奋斗"二字书写在我的青春画卷上吧！让若干年后回味青春时光，那滋味也是甜的。

我相信，我可以！一代人有一代人的征程，一代人有一代人的担当。步入初三的我，既要脚踏实地，又要仰望天空，"十年磨一剑"的征程我才开了个头，从现在开始，接续奋斗，不让时间白白流逝，不让光阴从此虚度，我要做不断向前的奋斗者。在短短280多天的时间里，面对接踵而来的繁重的作业、出现的薄弱项，我要学会用自己内心独特的力量去战胜它们。初三很短，青春也很短，我们不必惧怕初三，要让青春的热情在初三闪光，让自己的努力在初三收获成果！

我必将以青春的名义、青春的热情、青春的奋斗，锻造青春之火红！

点石成金

读《平凡的世界》能给平凡的人生增添多少底色,此读后感给了我们新的思路。"引"要精练,该文以"人生"为引,经典有一万种演绎,都在叩问"人生"一词;"议"要深入,该文提炼了"奋斗""青春"等作品核心词,评在要旨处,思在动人处;"联"要自然,有古今的纵横,有自我的感怀,让感悟深刻;"结"要有力,让经典与自身生命共振,结尾言少年之梦,抒勤学之志,让感慨动人。

见人生·见天地·见自己

——读《苏东坡传》有感

◆学校:海盐县博才中学 ◆作者:贾晨恬 ◆指导老师:耿丽娟

词至东坡,倾荡磊落,如诗,如文,如天地奇观。

——刘辰翁

《江城子·密州出猎》·狂

"老夫聊发少年狂,左牵黄,右擎苍。"这是一个风流倜傥、卓尔不群的苏东坡。

神宗熙宁八年(1075),苏东坡不到40岁。作为北宋开国百年第一的文坛巨星,苏东坡的名声不减当年。他以天下为己任,依旧满腔热血迎风来,宛如千树花开。

放荡不羁,跌宕不拘,不惑之年,左手牵着黄犬,右手举着苍鹰。"鬓微霜,又何妨?""西北望,射天狼。"鬓边白发如微霜,但这又能怎样呢?我的内心依然滚烫,如同旭日东升的朝阳,如同欣然怒放的春花,如同那吸吮雨露的春笋,正不断攀升,不断绽放。

可又有谁知道,这颗冉冉升起的北宋之星,即将面临的是怎样的苦难。

《黄州寒食诗帖》·悲

这幅字帖是在苏东坡人生最落寞的时候写下的,那一年他45岁。

因为乌台诗案,他被关押囚禁了整整103天,这103天里他究竟经历了什么?

我们都不知道。只能知晓他给弟弟留下的"是处青山可埋骨,他年夜雨独伤神。与君世世为兄弟,更结来生未了因"。但值得庆幸的是,苏东坡挺过来了。试想一下,假若苏东坡真的死于狱中,就不会有"天下第三行书"《黄州寒食诗帖》,不会有"一点浩然气,千里快哉风"的豪迈酣畅,不会有东坡肉、东坡鱼,甚至在历史上,都没有"苏东坡"这三个字——因为在那个时候他还不叫苏东坡!

再想一下,当那个鬓角已白的苏东坡走出监狱,再次呼吸到外面的空气,看到形形色色的路人来来往往地走过,我敢肯定,这时候的苏东坡早已不是那个一举成名,拿下北宋开国百年第一的文坛巨星苏东坡了。

有人说,乌台诗案成就了苏东坡,但依我看来,乌台诗案是将苏东坡的人生分成了两个阶段,两个全然不同的阶段,而正是这两个不同的阶段,造就了大家心中乐观豁达的苏东坡。

被贬到黄州,苏东坡脱下官服,彻彻底底地成了一个农民。写下这幅字帖时,便是他来到这里的第三个寒食节。

"病起头已白""死灰吹不起",我好像真的能看到那个眉头紧蹙的苏东坡,欲诉难言,悲愤齐涌,"君门深九重,坟墓在万里"。这满身才华,却无用武之地,无奈,无助,这是报国无门的感慨;愧疚,歉意,这是连父母的坟墓都无法祭拜的凄凉。

"也拟哭途穷,死灰吹不起",只有叹息而已。

前后《赤壁赋》·《念奴娇·赤壁怀古》·达

同是来到黄州的第三年,苏东坡和朋友们来到了城外的赤壁,站在河岸,脚下是咆哮着的奔流不息的河水,浩浩荡荡,烟波浩渺,击打着每个人的内心。

"大江东去浪淘尽,千古风流人物。"千百年来,无数风流人物好像在缓缓向他走来,向他挥手,是问候,亦是告别。

历史的尘埃湮没不了他们的光芒,个体生命是有止境的,但人类生命的长河是无止境的。

回到现实,"故国神游,多情应笑我,早生华发"。他已经45岁了,看着自己年少时的宏图碎了一地,看着身边的亲人一一离去,看着自己已生的白发不禁叹息——虚度了光阴。

"人生如梦,一樽还酹江月。"

再来赤壁是在一个月明星稀乌鹊南飞的夜晚,苏子与客泛舟游于赤壁之下。

"舳舻千里,旌旗蔽空,酾酒临江,横槊赋诗,固一世之雄也,而今安在哉?"遥想当年,英雄驰骋沙场,百战无前,而今天又在哪里呢?吾生须臾,你我终将逝去。

"逝者如斯,而未尝往也,盈虚者如故,而卒莫消长也。"可见,若从事物易变的角度出发,天地间没有一瞬是永恒的,可若从不变的维度出发,万物与自己的生命一样无休无止,又有什么可羡慕呢?吹着江上的清风,眼观空中的明月,送到耳边便有了声音,进入眼帘便有了形色。这可是无穷尽的宝藏,你我可一起享用啊!

在此,文中所言之"客"又何尝不是那个过往的苏东坡自己呢!俯瞰自己,吾生须臾,又如何;人生如梦,是梦,又如何?何不打开身心?何不享受梦境?

时夜将半,四顾寂寥,躺在床上,进入梦乡,他看见了与他擦身而过的白鹤化作了一名道士,正向他拱手作揖。苏东坡惊醒,开门一看,却恍然不知自己在什么地方。刹那间,我竟也分不清是谁在现实中,又是谁在梦境里。

站在云巅,我想他或许看到了鹤,看到了道士,看到了风雨,看到了晴,也看到了人生的这一场梦,看透了梦中的自己。

而翻开《古文观止》,我终于明白,或许本"无鹤无道士,并无鱼,并无酒,并无客,并无赤壁,只有一片光明空阔"。

谁怕?一蓑烟雨任平生。

谁怕?一蓑烟雨任平生!

点石成金

散文化的语言,诗歌式的表达,这无疑是作《苏东坡传》读后感最好的方式之一。小作者写好《苏东坡传》读后感的法门有三。其一是凝练,"狂""悲""达"提炼了东坡一生的起伏,人格的光华。其二是语言,诗句的化用援引信手拈来,颇有层次地串联东坡生平;长句短句的交叠,文白兼容的辞藻,让感悟美不胜收。其三是构思,这是篇传记式的读后感,以横列式的结构,详略分明地抒写苏轼一生,尤其是"达"之板块,情韵充沛,"客"亦是舟子,"一蓑烟雨任平生"是坎坷人生中最美的生命姿态,多么难得的见地!

我的夜空挂满悲伤
——读《世界上所有的夜晚》有感

◆ 学校:嘉兴经开实验学校　◆ 作者:孙周怿　◆ 指导老师:沈冠洲

故事从一场车祸开始。

"我"的魔术师丈夫在一个夜晚被摩托车撞死,"我"便带着悲痛的心情出去旅行。本想去到自己和魔术师生前约定好的三山湖泡温泉,可误打误撞,到了一个叫乌塘的镇子。那里乌云密布,充斥着无数的鬼故事,男矿工的家里,还供养着"嫁死"的老婆。

在乌塘目睹了种种不幸后,"我"走出了哀伤。

Description(描述)

这是一个以别人的伤痛治愈自己的伤痛的故事,作者在看见人世间种种苦难过后,发现自己的苦难是多么微不足道。

这里有把自家丈夫尸藏冰柜的蒋百嫂,她忍受着世界上的种种不公。"我将冰柜上的东西一一挪到窗台上,掀起冰柜盖","一个面容被严重损毁的男人蜷腿坐在里面","好像一个端坐在冰山脚下的人"。"我终于明白蒋百嫂为什么会在停电时歇斯底里。""难怪蒋百嫂那么惧怕夜晚,难怪她逢酒必醉,难怪她要找那么多的男人来糟践她。"

这是因为蒋百嫂对蒋百的爱与对政府的恨无处宣泄。

这里有因为蒋百和蒋百嫂而深陷忧郁的他们的儿子:蒋三生。

这里有妈妈被狗咬,因为舍不得打疫苗而死,爸爸给有钱人放烟花,不幸被炸废一只胳膊的云领。小小年纪的他为了生计,每天变着戏法来推销他的磨脚石。他会玩魔术,身上却背负着死去的母亲的阴影。但即便"少年老成",笑容却依然像"晚秋原野上的最后的菊花"。

Indication(象征)

在这些个悲伤的故事里,夜晚贯穿其中。这是对存在的隐喻,也是作者对生活及人生的理解。蒋百嫂反复吟诵的"这世上的夜晚啊——"是对现实宿命般的认识和在此基础上所具有的无奈与鄙视。

"我"的丈夫死于黑夜,陈绍纯在夜晚被一幅艳俗的牡丹图砸死,蒋百嫂的丈夫也已经进入万劫不复的夜晚,永远没有了白天、葬礼、墓地,而她今后的所有日子,乃至漫漫一生,也将在暗无边际的夜晚中延宕。

黑暗,阻断了人们渴望的幸福和安宁!

但只有悲伤与绝望吗?

"不过没隔多久,扑簌簌的声音再次传来,我便将那个盒子打开,竟然是一只蝴蝶,它像精灵一样从里面飞旋而出!它扇动着湖蓝色的翅膀,悠然地环绕着我转了一圈,然后无声地落在我右手的无名指上,仿佛要为我戴上一枚蓝宝石的戒指。"

是唯美、悲弱、淡雅、婉约、温柔、诗意,也是失落感和温暖。人们祈求主人公爱情追忆之旅的超越与圆满的心理,也蕴含了更深刻的思考,造就了更为宽阔的审美空间。

这是意味深长的尾声,也是"我"与魔术师之间爱情的最后象征。

Effect(影响)

Description, Indication, Effect,三个首字母组合在一起,就成了DIE:死亡。

即使在书中,"我"已经把自己从有关死亡的悲伤中解脱出来。但在中国,大多数人对死亡的态度都是畏惧、忌讳、绝口不谈。

即使我们都知道,生老病死本是一种自然的生命历程,是避无可避的,是每个人都要经历的。

这样的生死观让很多人学会了敬畏死亡、珍惜生命。但也让更多人害怕死亡、从未正视过死亡,在面对死亡时显得手足无措、无法自处。正如白岩松所说:"中国人讨论死亡的时候简直就是小学生,因为中国从来没有真正的死亡教育。"

那对于死亡,我们应该用一种怎样的态度去面对呢?

死亡不是结束,终止。是往生,是流转的生,是生的一部分。

日本的著名作家村上春树在《挪威的森林》里就写道:"死并非生的对立面,而是作为生的一部分永存。"

如此,才是正确的生死观。

那我们如何才能拥有敢于直面生死的勇气? 如何释然? 如何解脱?

面对生死,我们需要一份正确的勇气:"多数人认为勇气就是不害怕。现在让我来告诉你,不害怕不是勇气,它是某种脑损伤。勇气是尽管你感觉害怕,但仍能迎难而上;尽管你感觉痛苦,但仍能直接面对。"

是即便"我的夜空挂满悲伤",也仍能把星光当作希望。

点石成金

迟子建的这篇小说带有一种居高俯视的纵深感,和宗教般的悲悯感。这是她作品的亮点,但对于十几岁的孩子恰恰是难点。孙周怿同学巧妙地化"读法"为"写法",从内容到象征到文化辐射的影响,纵剖了这一部具有一定"隔"的深厚作品,凸显了阅读功力,在解读时候架构了"蝶"和DIE这个精巧的双线线索,构筑了严谨而极具创意的解读思路,在深度基础上更多了一份文学的匠心。作品结尾更是化"写法"为"活法",在悲伤中叩问生命意义,向死而生,哀而不伤,令人感奋!

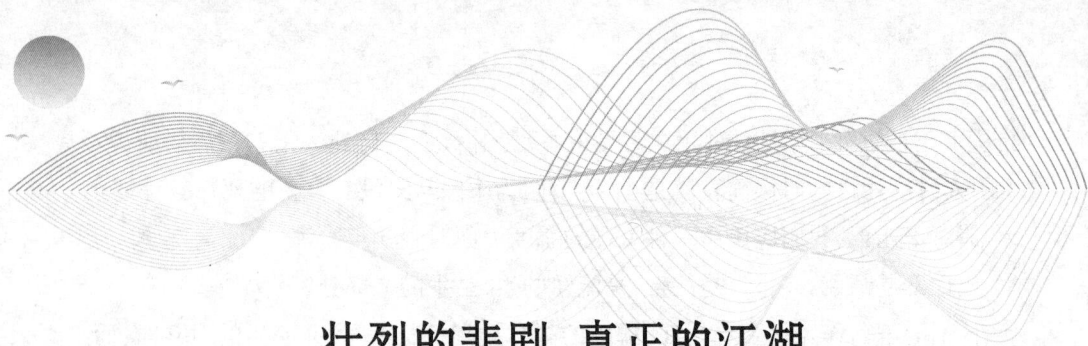

壮烈的悲剧，真正的江湖

——读《水浒传》有感

◆学校:浙江师范大学附属秀洲实验学校　◆作者:张正之　◆指导老师:陈维

窗外落雨,沾湿书页一角,豪迈的文字流进心坎,风啸过,烈从中来,悲从中来。

小时,初识《水浒传》,是听父亲讲的,但只懂好汉侠气,不知江湖面貌,也不知英雄落泪。而今,又读,却赞其悲壮,叹其悲壮。

仁宗遣洪太尉寻天师救世,却误走一百单八妖魔,徽宗时乱自上作,官逼民反,一百单八好汉,落草梁山。

小时只知道好汉们惩恶扬善之爽快,尤其记得鲁提辖三拳打死镇关西最为大快人心。但现在读来,却令人叹惋。

他本是衣食无忧、地位又高的"公务员",有品级,也有钱财,还有一个不错的上司。他原来可以度过令当时的人们梦寐以求的一生,却因同情金翠莲的遭遇,让自己背上了人命官司。一个昔日的官员,竟要到员外家寄人篱下,这是一悲。

而后,他为避祸剃度出家。当员外与他告辞说"贤弟,你从今日难比往常,凡事自宜省戒,切不可托大,倘有不然,难以相见,保重,保重"之时,他该是怎样一种复杂的心情呢? 他作为一个官员,原本美好的人生,自由与随性,都如过往云烟,散了个干净,三皈五戒更是要持守,乃至不得沾酒,否则"难以相见"。诸多不平,诸多难受,该是难以细说吧。但他只是接着道"不索哥哥说,洒家都依了",笑容中何尝不带着勉强与悲凉。也难说鲁智深真英雄,他咽下了这些,洒脱而干脆,但离别时对山下的回望,到底是怀念,还是思考呢? 这又是一悲。

还记得小时每每看吴用拉人上梁山时备感骄傲,总有一种势力扩大的自豪感。但现今再看，又觉令人愤慨。

尤以美髯公误失小衙内最为不忿。先前那朱仝受县令赏识，受乡亲尊敬，本可体面平安地过一辈子，却为了兄弟情义，私放了雷横，亲手放弃了一切。读到此处，可感这朱仝颇有几分"义绝"关云长的影子，如此义薄云天之人，却也要遭官府迫害，只恨那官家昏庸。

而后，他被上一级知州赏识，又独与知州之子小衙内亲近，连复为良民的机会都已触手可得。但令人极度愤慨的是，竟是黑旋风李逵将那无辜的小衙内迫害，还是宋江、晁盖、吴用等多位梁山首领一同决定，连先前救下的好友雷横也是极力劝说，只为逼武艺高强的朱仝上山。可怜朱仝，先为救友，放弃前途，后又被亲手救下的人逼上梁山，再一次扼杀了前途。汹涌的怒火，几乎要将我燃烧，但慢慢地，透过那愤慨，我看到的是，悲哀。是既处江湖，身不由己的悲哀。

儿时所想，江湖该是光明磊落、浩然正气的，不承想，却是计策权谋堆砌的。

而最后众好汉的结局，更是叫人不平。

招安后征方腊，死伤大半，存者如林冲、杨志病故被遗忘，鲁智深、武松在六合寺一个坐化，一个出家，宋公明连同黑旋风等被高俅下毒而死，戴宗则大笑而终。他在笑什么？是笑自己，还是笑宋江？是笑那一百零八好汉太过愚钝，还是笑天地不仁？如此，这场轰轰烈烈的起义，也都随硝烟一散，灿烂一时的梁山泊也随之荒废，仿佛一切像梦，辉煌耀眼，转瞬即逝，不见踪迹，渐被淡忘。

说起英雄故事，大多数人联想到的，该都是武侠故事中云游天下的侠客，又或者是在现代社会中生存的超级英雄。前者为人善良单纯，好运连连，常常在最后得偿所愿；后者依靠超能力，或巨大的财力，获得超过一般人的行为能力，却遵循现代价值观，从不滥杀无辜。

《水浒传》里有英雄，有过人的武力，却并没有像前两类故事一样，给主角们一个英雄主义的理想世界，而是让他们生活在真实的市井人群之中，承受真实的生活之痛，乃至比一般人所见所想的更痛。

它让英雄们有复杂的动机，有政治和权谋的考虑，有从小就被培养出来的应对尔虞我诈的经验，甚至有为了生存，而选择忍一般人无法忍受的误解与屈辱的小心翼翼。

他们有他们的压力，他们的正义，他们的苦楚，他们的悲凉，他们的生活、友谊，甚至是爱情，还有藏在这些细腻光明的情感之后的粗粝而又阴暗的利益纷争、人情世故、计策权谋，以及对谎言的澄清、对名望的诋毁。

　　它让我们看见了，真正的江湖；它为我们揭晓了，纷至沓来的壮烈悲剧。

　　这是一百零八个山匪的故事，这是一百零八个好汉的故事，这是一百零八个平凡的普通人的不普通的一生，一个壮烈的悲剧，一个真正的江湖！

点石成金

　　经典不厌几回读，好的读后感，读是前提，思是关键。小作者读作品的过程，是深入再认识"江湖"的过程，江湖不只有打打杀杀的澎湃，江湖还有英雄末路摧折的悲怆，还有义薄云天的情怀，江湖更是凡人创造不凡的史诗。小作者的语言典雅动人，兼具文白的用词，干净利落的句式，让表达生辉。小作者概述英雄故事，引述丰盈，点评精当，对英雄的再认识，对人性的体察，入木三分！

星火仍熠熠，吾辈请长缨

——读《红星照耀中国》有感

◆ 学校:海盐县博才中学　◆ 作者:纵艺　◆ 指导老师:耿丽娟

星星之火,可以燎原。

——毛泽东

连绵起伏,五岭山脉挺起红军战士的脊梁;气势磅礴,乌蒙群山唱响红军精神的光辉;寒铁飞架,大渡河上横掠红军意志的笔直向前……厚厚的一部《红星照耀中国》,是红军战士的革命史诗,记录着他们的崛起、奋斗、长征、革命、胜利……掠过时光的硝烟,我仿佛看到红军起步的艰难,传承的坚强! 犹如星星之火,在黎明前的黑暗大地上以势不可当的姿态,劈开阴霾,终将燎原。

1936年6月,美国记者埃德加·斯诺只身来到了西北的革命根据地,他历经千辛万苦,深入一线,真实记录。朴实无华的语句间,溢出的是最真实的事例,最可敬的部队,最卓越的精神,最闪耀的红星……

星火起势,有一种勇气叫反抗

他,叫毛泽东,出生于湖南的一个普通农民家庭。他的领导生涯源于他对黑暗的不满,对封建的反抗! 十三岁那年,面对父亲的严厉与羞辱,他一气之下离开了家,不愿忍受不公平的待遇。初入学堂,少年的毛泽东便深深感受到了政府的软弱、不公,他毅然决定:剪去辫子,向这个封建腐败的政府说"不"。1927年,中国革命刚刚萌芽,黑暗中前途不明,他第一个提出"政权是由枪杆子中取得的"这一论断,为中国飘摇不定的革命指明了方向——团结、战斗、抗争,是中国革命的出路,走中国的革命之路,向反对派说"不"!在漫长的革命战斗中,毛泽东领导了秋收起义,发动了土地革命,在他的带领下,中国共产党创立了第一个革命根据地,从此,在中国的土地上,党有了自己的据点,有了自己的根。毛泽东一连串的反抗和战斗,向世界宣告:中国革命的第一颗火种诞生了!犹如黎明前的启明星,那一道光,醒目、光亮,不可磨灭,引领着后来人前仆后继。

他,叫贺龙,用两把菜刀闹起一场革命,组织起一支农民革命武装。革命武装并不是一帆风顺,屡遭失败,几经起落,可是就是在"菜刀"勇气的鼓舞下,越来越多的农民加入进来,最后屡建战功。他不仅仅是展开了一次斗争,更是唤起了意识的一种觉醒。这样的勇气,这样的反抗,也让劳苦大众中的革命火种,被悄然点亮!

他,叫周恩来,"我为中华之崛起而读书!",一声年轻而响亮的回答,响彻云霄,将沉睡着的中华雄狮唤醒……面对老师的提问,面对同伴的疑惑,少年周恩来从容地站在众人面前,立下宏大的志向。年少时期的私塾教育,银岗书院的西式教育,都对他思想上的改变产生了影响。一颗马克思主义的火种在他心中渐渐燃起。中华文人的知识觉醒,亮得如此灿烂!

"合抱之木,生于毫末;九层之台,起于累土。"正是这样一位位革命思想的觉醒者,为我们点亮了中国革命的第一批火种。在中共一大召开之时,中国只有五十八颗火种,但正是这些火种的点燃,引领了中华大地的一脉热血。这些星星点点的火种聚集起来,足以照亮一片天地。点点光芒在暗夜浮尘中不停闪烁着,啪啪作响,指引着正确的方向,积攒着无限的潜力。

这簇微火,凝聚的是勇气和智慧,散发的是光芒和力量!这样的点燃,让我热血沸腾,不论在生活中,还是在学习中,都需要这样的执着,这样的勇气,去面对生活里的困境,学习中的低谷。也许自己在黑夜里迷茫跋涉时,缺失的就是这样一颗火种,去照亮路途,去指引方向,去开启自己崭新的篇章!

微光成炬,有一个传奇叫长征

一支队伍,历经磨难,却依旧乐观坚强;一批战士,跋山涉水,只为让红星照耀……

读着《红星照耀中国》,长征的点点滴滴贯穿首尾,它如一首壮丽的史诗,诉说着红军战士的铮铮铁骨；似一本宣言书，向全世界宣告中华民族的崛起与坚韧！

　　坑坑洼洼的草地间，是漫无边际的沼泽，可穿过厚厚的雨幕，那支熟悉的队伍，又在灰蒙蒙的漫漫泽国间出现了。大雨连绵不断，阻断所有人的视线；小径曲折迂回，如迷宫一般隐蔽，精疲力尽的战士坚韧不拔，创造了一个又一个的奇迹——传奇中，有智慧的抉择和坚定！

　　白雪皑皑、寒风刺骨，荒无人烟的大雪山，只见茫茫大雪、雪峰冷冽。可是在这片很少有人踏足的山岭间，一条巨龙般的队伍，在茫茫云雾中蜿蜒盘旋。雪山的风肃杀凛冽，红军战士衣衫单薄，缺衣少粮，有的拄着拐杖，有的互相搀扶，有的背着重担……成百上千的战士倒下，再也没有起来；但还有成百上千的战士，奋力一路向前，从不退缩——传奇中，有英雄的牺牲和坚持！

　　汹涌澎湃的大渡河，是当地的天险，也是国民党阻拦部队心目中不可逾越的天险。而那暴发的山洪，湍急的水流，宽阔的水面，也成了红军战士面前的拦路虎。泸定桥上，十六根粗大的寒光铁索，三十名不到二十五岁的勇士，主动请缨出战。他们徒手攀索，向着对岸进发！枪林、弹雨、煤油、烈火……他们的勇气让对岸的敌人闻风丧胆，更多的红军战士蜂拥而上，他们不仅仅是夺取了一座桥，跨越了一条河，更是彰显了前行的勇气和信心——传奇中，有革命的乐观和勇气！

　　他们血战湘江，四渡赤水；他们巧过金沙，飞夺泸定！面前巍峨的大山，在他们眼里不过像翻腾着的细小波浪一样；身上累累的伤疤，却化作打完胜仗的一场欢笑……一路的重重磨难，反而使他们的内心越发顽强不屈，信念更加矢志不移，这样的乐观，支撑着他们一路向前。

　　每一个故事都是累累的血肉，每一场战役都是沉沉的功勋，每一次胜利都是一个传奇！

　　革命的乐观主义精神，在长征路上，一路高歌。这种在困境中迸发的可贵精神，在逆途中展现的坚持力量，是面对困境的勇气和面对磨难的乐观；是面对逆境依然笑对人生，将英雄主义抒写到极致。

　　智慧的结晶，英雄的牺牲，乐观的坚持，让越来越多的人加入到红军队伍，汇成了长征的大河，让党的信念如星星火炬不断点亮，不断延续！

　　"红军不怕远征难，万水千山只等闲……更喜岷山千里雪，三军过后尽开颜。"这首毛主席亲笔写下的《长征》，是红军战士革命英雄主义的精神、革命浪漫主义的情怀、革命乐观主义的信念最真实传神的写照！

星火燎原，有一种精神在传承

反复翻阅《红星照耀中国》，"传承"的力量在书中不断涌现。

传承，在一群群的红小鬼中。这些可爱、年少的孩子，用他们的行动诠释了刚正坚强、机智勇敢、坚定如一。"少年智则国智，少年强则国强。"少年传承，未来可期。

"我已经当了四年红军了！"他得意扬扬有点滑稽地说道。这个少年是一名号手，看似还是个乳臭未干的孩子，却已经是名老红军了，四年前加入红军，就意味着接过了革命的火炬，用自己还稚嫩的身躯，让星火烧得更广，燃得更旺。

"穿着一套整洁合身的小军服，帽檐什么时候发软了，总是衬上新的硬纸板。"他叫向季邦，多么像样的衣着，多么庄重的神色，多么坚定的信仰！这样的执着与热忱，让革命的星星之火在他身上渐渐燃烧，慢慢传承！

"许许多多少年先锋队员和共产主义青年团员同成年游击队员并肩作战，甚至跟敌人拼刺刀！"这里有另一个十多岁的红小鬼，一份勇气，一份担当，一份希望！他只是红军这束火炬中微弱的一小点，但无数红小鬼的加入，让这束火炬散发出更璀璨的光芒。

他们，是革命最蓬勃的希望，革命的精神在他们的身上得以延续！

传承，在数以万计的老百姓中。泱泱大国，吾辈当前，星火漫漫，终将燎原。

漫漫长征路上，成千上万的人，他们来自祖国大地，来自祖国各行各业：农民、工人、教师……他们怀着同一颗热忱的心，带着对新中国的希望，都一一加入革命的队伍。也许他们没有文化，但是却有着老百姓们最真挚热忱的革命热情；也许他们手无寸铁，他们的意志却如钢铁一般坚韧不拔。他们的加入，让革命的队伍不断壮大，星火漫漫，终成燎原之势，对美好生活的向往，终将推动革命。

他们，是革命最坚实的力量，中华儿女的热血在他们的血脉中流淌！

传承，在世界人民的认可中，雄关漫漫，迎难而上。

斯诺写下这本书的时候，我想，他肯定不仅仅是为了记录下中国革命的真实过程，一个外国人来到中国，来到中国革命的第一线，来到最前沿的红军队伍中，他记录革命领袖的事迹，他记录普通的红军战士，他记录革命的成功欣喜，他记录经历的失败挫折……他如实地记录，真实地发声，在白色恐怖笼罩的年代，向全世界传递出中国革命最真实的一面，最英雄的精神。《红星照耀中国》何尝不是他人生的一次长征,不仅仅记录中国人民的抗争,更希望全世界都看到中国革命,认可中国人民。他把书名取为《红星照耀中国》,何尝不是因为实地采访,让他看到了"东方魔力"和"兴国之光"? 所以才让他在序的最后写下:谨向英勇的中国致敬,并祝"最后胜利"! 让人读来,热泪盈眶。

他们,是中国革命最有力的支持者,华夏儿女的传奇故事必将代代相传,被更多的人所熟知。

这革命的火种,贯穿历史过往,是中国革命人的精神内核和内在动力,创造了举世瞩目的长征精神。经历时间的洗礼,历久弥新,这种精神,不可战胜。诚如斯诺在序中说的那样:"那种力量,那种欲望,那种热情……断不是一个作家所能创造出来的。这些是人类历史本身的丰富而灿烂的精华。"

轻轻合上书本,封面上那鲜艳明亮的红色,是多少中华儿女滚烫的中国心啊!

硝烟无声,中华一脉,我想:红星中的长征已经远去,但是一代人有一代人的长征,一代人有一代人的使命,每一个时代都需要新长征人的执着前行,每一个时代都需要英雄的担当! 长征的接力棒一代传一代,我们亦是一批勇毅前行的长征人。吾辈自强,不负青春;放眼中华,守定中华;我们欣逢盛世,定不负年华!

祖国的大好河山,壮丽秀美;中华的万水千山,繁秀似锦。星火仍熠熠,吾辈请长缨。今日砥砺前行,明日筑梦华夏!

点石成金

用史诗文笔,抒写壮阔革命史。该文有"点"的铺展,慷慨叙说红军领袖,熠熠生辉;有"面"的铺展,长征史诗令人震撼;有"线"的延伸,革命传承薪火相传。此作品是小作者壮阔的读后抒怀,从星火起势到微光成炬乃至星火燎原,排比、对仗、反复,娴熟的文字功底让感怀如朝阳蓬勃,如长虹贯日。该作品是闪耀的成长心语,叙议结合的笔法,让感悟富有现实意义,凝练了红色经典的时代光芒;让感言勾连自身,思辨红色经典的当下意义;让感慨喷薄而出,如洪钟,如号角,好一篇演讲式的读后感!

理想之境与现实之举

——读《水浒传》有感

◆学校:东北师范大学南湖实验学校　◆作者:伍思含　◆指导老师:袁亚玲

　　困于人世间的种种不如意:得不到他人的理解和赏识、失去了极为珍贵之物、没有志趣相投的朋友而感到孤独、身边重要之人的匆匆离去……我们每个人都曾盼望过来到一个完美的理想世界,那里往往有着清幽的景色、和善的人群、丰富的物资,我们在幻想着这样一个世界的同时,也往往能感受到现实世界中不可能存在的一种乐趣。

　　面对困境,一些文化伟人会将自己对世界的期望融合在一起,构建出一个与现实困境相对的理想王国。柏拉图在雅典城邦衰落、危机四伏的时期,构建了勇敢节制、睿智正义的"理想国";庄子在多国纷争中,根据自己对于现实问题的深入思考,建立起了人与自然共生、清静寡欲的理想世界;《维摩诘经》的作者在社会堕落时,提出了"净土"概念,设想了没有尘世庸俗气的清净世界。他们用理想的栅栏围起一片美丽的花海,让追求美好的我们不禁想进入拜访,欣赏他们用文字巨著种植的理想鲜花。

　　那么,我到文化巨人们的理想世界去看看,如何呢?

　　是啊,听人说,明朝有位大作家施耐庵,创造了一片湖泊,名曰梁山泊。梁山泊是个怎样的地方?传闻那里聚集了众多不堪朝廷压迫、落草为寇的英雄好汉,"八方共域,异姓一家",不论是富豪将吏还是贫贱子弟,"都一般儿哥弟称呼"。这样看来,真是一个平等互爱的理想社会!到哪里去寻找呢?啊,翻开一本叫《水浒传》的巨著,就能看见啦。

　　于是,我试探着开始了《水浒传》的阅读。阅读了大半,恍惚间有一个人,乘着缓缓而行的扁舟，从远处向我驶来。哦，那是梁山泊的头领宋江啊，他站在一艘渔船的船头。其余并列而驶的十余艘渔船上，一眼望去，是世人所崇敬的那一百零八个英雄、这个世界共同的构造者：鲁智深、林冲、武松、李逵……他们共同举杯欢庆着，爽朗的笑声回荡在天地之间。

宋江笑着请我上了船，率领着兄弟们往梁山泊划去，自己在波浪声中向我讲述着梁山泊的故事。我这才有机会随着渔船的行进，伴着宋江的讲述，全览一番书中所写的梁山泊景观。

他向我缓缓说道，在政治腐败的宋朝，梁山泊是为被朝廷压迫的英雄好汉提供的庇护所，是与封建朝廷对抗的基地。我看见书里描写的景象：高高飘扬的"替天行道"杏黄旗，在风中摇曳着，唱出梁山兄弟们曾在水泊中对唱的欢快渔歌；忠义堂里，记录着梁山兄弟们欢声笑语、酣畅饮酒的热闹景象……他们能够在梁山这个远离朝廷、远离钩心斗角的"绝境"，找到志同道合的好兄弟，体会到坦诚相待的可贵。

这不正是我在现实的困境中曾经渴盼过的一个地方吗？正欲扭头告诉宋头领，我想要永远地留在梁山泊，留在这个美好和谐、真挚纯粹的世界，但扭头发现，宋头领的身影不知何时已经消失不见，紧跟着的十几艘渔船上，都已空无一人，欢乐的歌声转为死一般的静寂。天色阴郁，云归风起，湖面渐渐变得不再平静，一道又一道的大浪推着我的小船后退。从船上，能看到经过的忠义堂破败不堪，久未修葺；仰望阴天，"替天行道"的大旗仍在飘扬，但拍打天空所发出的声音却凄厉悲凉，如一支挽歌。

我惊恐不安，忽然，狂风在不见天日的环境中带动大浪滔天，翻涌而上，向这一叶扁舟扑来……

我这才被惊醒，梁山泊看似实际的影子也像被重拳击碎，落地无声。

我迫切地想知道为什么如此繁荣的世界会突然在无声中坍塌，通过阅读才揭开谜底：梁山一百零八将并没有一个好的结局，因为头领宋江一心想归顺朝廷，梁山大部分兄弟都顺着朝廷的意旨四处征战，许多头领因此牺牲。归顺后又遭奸臣陷害，被迫离开梁山泊这般胜地，原先那个令我心驰神往的梁山泊，逐渐人去楼空，阴浊的湖水埋葬着多少欢乐。

我愤愤不平地合上这本《水浒传》，那个我愿意穿越一百二十回去寻觅的理想宝地，随着书页的翻动，化作尘土，崩塌在不被承认为现实的虚幻中。宋江会执意去招安，几个有胆识的兄弟根本不敢反抗，皇帝会听信几个奸佞之人的谗言……

我开始嗔怪作者的狠毒，他自己在书中描写了一个如此热闹盛大，堪称完美的英雄好汉聚集地，又要自己创造几个不完美的情节，狠狠地将它推倒。我想，为什么一个能够摆脱现实苦恼的理想世界，就不能永远地存在？

也许作者施耐庵本来就没想让这个完美的地方不灭吧。小说所记载的宋徽宗时期，大奸臣高俅、蔡京等人把持朝政，地方官贪婪无情，皇帝轻信小人、排斥忠良，支撑着宋朝社会的朝廷可谓是从上到下都腐烂枯萎，即使梁山一行人归顺于朝廷，也要被小人百般陷害，更别说为这样腐败的国家做贡献了。这是时代局限性的现实。勇于起义的宋江一行人，并没有意识到社会的黑暗根源，他们推崇只反奸臣、不反皇帝的狭隘思想，所以才会轻信朝廷的诏书，招安下山，为国家征讨方腊，损失了大半力量。正如鲁迅先生所说："因为不反对天子，所以大军一到，便受招安，替国家打别的强盗——不'替天行道'的强盗去了。终于是奴才。"这又是自身的现实局限性。梁山上繁荣壮大的英雄组织既然有根本性的现实局限，就不可能长久存在。

我这才明白：就连小说中创造的完美世界也会因困于现实中的缺陷而破灭，自己的理想世界当然也不会无端地出现在现实中了。仿佛能听到作者施耐庵似是自言自语，并在梁山泊残存的遗骸背后冷静地向我们说道："任何一个理想的完美世界，如果不能立足于现实，便是妄想。读者谨记。"梁山起义失败，正是空有理想，却不顾及现实局限的一个绝佳例子。

然而，《水浒传》中腐败的时代现实是明显的，如今我们生活的时代却是一个大有可为的时代，在党的领导下，社会发展，作为新时代的中国青年，我们要做的就是立足于美好时代提供的现实条件，立足于自己不倦的努力，将理想变成现实。

当代青年们利用好时代与个人的现实条件，实现理想的例子数不胜数。有青年利用自己的才能，实现个人的理想。如地震中断腿却没有放弃舞蹈的爱好，用双腿在鼓上击出《鼓舞》的女孩廖智；失去右臂而坚持练习篮球，勇敢追逐篮球梦的少年张家城；热爱文学却不幸遭遇脑瘫，用鼻尖打出20万字的少女赵晨飞。也有青年发挥才智，共同努力，实现民族的理想。奥运赛场上，杨倩、全红婵等一批青年运动员不仅实现了夺冠的理想，而且为祖国争光，铸就了奥运精神；疫情面前，无数青年医护人员直赴高风险地区，战斗在第一线，实现了每个中国人战胜疫情的理想，也铸就了抗疫精神；国际奥林匹克数理大赛上，中国代表团不负众望，实现了中华民族拔得头筹的理想，让世界对我们的民族刮目相看。这便是光荣世纪中，用现实之举创造的理想，感动了人们，感动了新时代中国！

时代现实帮助我们向理想前进，那么，我们也应当用自己的不懈努力，向着理想的方向更进一步。或许凭借我们在现实世界中的努力，还没有办法创造一个完美的理想世界，但是，我们能立足于时代现实，用刻苦勤奋实现个人和民族的理想。那一刻，我们便会发现，现实之举所诞生的理想之境，是多么富有光彩！

点石成金

一篇读后感，是一段阅读故事；每一次阅读，亦是一次思维旅行。该作品颇有讲故事的新鲜味，一洗传统读后感的陈腐之气，作者梦游梁山泊，以梦境的阴晴变化，展现经典的波澜壮阔，写读书时的心绪起伏；该作品很有思考力，从对英雄悲剧的扼腕痛惜，延伸到对当今时代的感怀讴歌；该作品颇有大格局，从宏大叙事中，读出历史观、时代感。这无疑是读《水浒传》这一经典的正确打开方式，也使此文带给读者最深切的共鸣！

麦田与麦田之外

——读《麦田里的守望者》有感

◆学校:上海外国语大学秀洲外国语学校　◆作者:张哲恒　◆指导老师:徐渊

三五年中,我多次翻阅《麦田里的守望者》:初读《麦田》,茫然不知所以;二读《麦田》,直面污浊人性;再读《麦田》,体悟无奈妥协。

它是现代意识流长篇小说的经典之作,内容仿佛很简单,无非讲一个即将退学的美国高中生霍尔顿不满现实离家出走,前往纽约居住三天又放弃出走的故事,却引起了青少年的共鸣和成年人无尽的思索与争论。

此书我读过多遍,最早仅仅是因为听闻此书的大名,决心买来一读,可那时我不过上小学三、四年级,略略翻一翻便觉恶心——书中有这样多的脏字,显然不是我该看的好书,于是便弃于家之一角。

再度翻开只是一两年之后,读来却感觉迥异——那也正是我最愤世嫉俗的年纪,看到霍尔顿被斯特拉德莱塔揍的一段,不禁为霍尔顿毫不让步的勇气叫好;斯特拉德莱塔一拳下去,又不禁对霍尔顿的无力还击感到同情。学校里装模作样的老师是"假模假式",旅馆里拿水互喷的醉酒男女空虚而讽刺。霍尔顿仿佛眼光犀利,洞察人世百态,更胸怀正义、不屈不挠,连篇的脏字成了霍尔顿敢于反抗之精神的衬托。

毕竟《麦田里的守望者》是有争议的作品,在这以后我也读过一些书评。也许是社会的大路容不下方形的车轮,年轻气盛的棱棱角角渐渐被磨圆,如果抛开某些结合功利主义时代背景的观点,单就人物而论,成年的书评撰写者大多认为霍尔顿的愤世嫉俗相当多余。社会的熔炉中,谁不趋炎附势、见钱眼开? 这是荆棘丛中的求生本能,何必认为是"假模假式"。霍尔顿对斯特拉德莱塔的毫不让步也不过是情感的宣泄,吃他一拳更是得不偿失。霍尔顿不过是一个不识进退、不谙世事的小孩,何必如此嘉奖。

　　距离上次读《麦田里的守望者》已有些时间,其间也读了些或好或坏的书评,现在我尝试重新审视这本书。我似乎感受到了在那些换着花样的脏字、重复的废话里,是霍尔顿无力、痛苦、绝望的内心。他更像是一名新的水手,平静的海面是社会平淡的表象,其下却暗流涌动、难以掌舵。霍尔顿的愤世嫉俗也更像是无奈的挣扎,而非一些人认为的以正对邪的抗争。听闻他唯一在乎的女孩同斯特拉德莱塔鬼混,他怒不可遏,然而他对斯特拉德莱塔有力的一拳的反击只有咒骂——这与斯特拉德莱塔骑在他身上的侮辱的对比是多么鲜明!毛里斯五元变十元式的勒索同样让他破口大骂,最后又是白吃一拳,“像心窝中了弹一样难受”。可他甚至得自己爬起来,“目送”毛里斯和他的同伙离开。“难受”不仅是他被打一拳的身体的痛楚,更是他孤独无依的写照。他以为社会应当互助互爱、充满正义,这也是他为什么喜欢他的弟弟艾里、他的妹妹菲芘,他们都是真正善良纯洁的孩子。可尔虞我诈的现实一次次给他下马威,总打破他乌托邦式的幻梦,他只好用骂骂咧咧的愤世嫉俗来隐藏他的失望、迷茫。

　　他向他的妹妹菲芘坦露愿望:“我老是在想象有那么一群小孩子,在一大块麦田里做游戏。几千几万个小孩子,附近没有一个人——没有一个大人,我是说——除了我。我呢,就站在那混账的悬崖边。我的职务是在那里守望,要是有哪个小孩往悬崖边跑来,我就把他捉住——我是说孩子们都在狂奔,也不知道自己是在往哪儿跑,我得从什么地方出来把他们捉住。我整天就干着这样的事,我只想当个麦田里的守望者。”这是全书最为著名之处,书名也取自这里。霍尔顿留恋麦田中孩童的纯真,却不得不向前踏入麦田之外的社会,他的心灵只好徘徊于两者之间。霍尔顿希望做一名“守望者”,守护孩子们的纯真,这正是他惧怕社会的体现——即使自己不能回避,他也不希望麦田中的孩子被玷污。这段话把霍尔顿对社会的失望和无可奈何表现得最淋漓尽致。但谁曾经还不是个霍尔顿?假装威风凛凛,假装不怕生活的打击、社会的打磨,包装自己终要被拆开和释放的无助、无奈,在内心最深处却只想着麦田里早已与自己远去的童真,留恋自己再也无法回归的伊甸园。

　　霍尔顿最终也与他曾经尝试着包装自己的“愤世嫉俗”和解。在最后的那场大雨中,霍尔顿就站在雨里,被淋成落汤鸡;明明十分狼狈窘迫,他却快活不已,也决心放下幻想的负担,有了鼓起勇气面对一切的释然。全书的末尾,他“想念我所谈到的每一个人,甚至老斯特拉德莱塔和阿克莱",不如说是想念自己有棱有角、即使无奈绝望也继续摸爬滚打的过往。他没有停止,尽管是骂骂咧咧地向前,最终也跳出隔绝自己与现实的囚笼,选择面对生活。即使社会现实矛盾不堪,最终也能坦然接受;即使自己的过去亦矛盾不堪,也决心铭记,如同生命中的每一段旅程——这是一次三天的离家出走所教会霍尔顿的,更是时间所将要教会我们的。

我现在还未曾真正经历过社会这片大海的风浪,可我知道将来一定会有这样一趟远航,也必须得有。如果我再翻开这本书时,我已屹立于麦田之外,希望我能够欣然地回望麦田里的小孩和那位悬崖上的守望者——欣然回望在狼狈中摸爬滚打的过往。

不管在刚跨出麦田之时的挣扎多么迷茫无助,我都将铭记——或者坦然面对——在未来。

点石成金

作者以自己多次阅读《麦田里的守望者》的收获向我们生动展示个人的成长过程。全文语言凝练,引人深思,给同龄人以精神的引领。确实,每一个成长中的个体虽然现在还未曾真正经历过社会这片大海的风浪,可将来一定会有这样一趟远航,也必须得有。

君子之道
——读《傅雷家书》有感

◆ 学校:嘉兴洪合中学　◆ 作者:姚逸　◆ 指导老师:汝文婷

　　《傅雷家书》是一位父亲对儿子严厉且仁厚的关怀,其中父子情深难以令人不为之动容。如果将内容细细拈来咀嚼,并不难发现,包裹这份深沉的爱的外衣,是中国君子之道。

　　遇到事业瓶颈该如何?傅雷说,不要操之过急。艺术并非一日所铸,成就也是。于是乎让人多感受自然,多拥抱心声。鲜花和掌声蜂拥而至该如何?傅雷说,此为应得,但不能过度自负和自傲,理应继续向上不负期望。

　　如朋友般亲切而有分寸的口吻给予傅聪指引和帮助,不论是主谈做人、爱情,还是学业,傅雷的信中总带有令人信服的魅力。平淡朴实的语言被其揉碎重组却铿锵有力,将君子淡雅而有韵味、饱读圣贤书之姿体现得淋漓尽致。此乃君子有道。

　　常言道:"君子如兰竹梅。"这一点在傅雷身上也体现得尤为明显。

　　面对信中传来的种种困惑,傅雷能以其丰富的经验和智慧解决,这是兰的馨香;面对窘迫直言不讳,两袖清风傲然挺立,这是竹的高洁;字里行间展现的,是梅在厚重的风雪中亭亭玉立的品格。在自身受到迫害时,在国家方针和政策有误时,傅雷手中的笔不疾不徐温声安抚道"我相信:祖国的大门是永远向你开着的","人的发展总是波浪式的"。即使在最后一刻,傅雷也从未低下过他的头颅。他矢志不渝的刚毅夹杂着风雪弥漫在寒夜中,他以生命的高傲嘲笑黑暗,他以行动为傅聪、为我们阐述了中国君子之道,阐述了真正的"梅花魂"。

　　放眼历史长河,哪位伟大人物身上没有携带这样气震山河的英雄气魄?正是前人以自身铁骨铮铮的慷慨,以抛头颅洒热血的一腔热情才铸成这饱经赞叹的君子之道。

"君子之道"这短短四字的背后,隐蕴着数不尽的教养和文化,是历代精心传授的宝贵经验。作为后辈的我们,又怎么忍心将它弃之不顾?

就让我们拾起沉积薄灰的君子道义吧,共同重温被时代落下的"梅花魂"吧,它们本应欣然怒放。"零落成泥碾作尘,只有香如故。"傅雷如此,我们也应如此。

点石成金

作者娓娓道来,《傅雷家书》是一位父亲对儿子严厉且仁厚的关怀,其中父子情深令人动容。如果将内容细细拈来咀嚼,并不难发现,包裹这份深沉的爱的外衣,是中国君子之道。全文从该角度进行解读,可以给读者们更多的教益。

坚守心中的忠义

——读《水浒传》有感

◆学校:海宁市第五中学 ◆作者:马心怡 ◆指导老师:张海豪

北宋年间,奸臣当道,民不聊生,众英雄好汉奋起反抗,这就是那脍炙人口的小说——《水浒传》。

浮生若梦,我仿若在书中度过短暂人生。一字一句,一幕一画,走马观花般在我眼前浮现:鲁智深倒拔垂杨柳、吴用智取生辰纲、宋公明三打祝家庄、武松景阳冈打虎……最后,吴用与花荣双双自缢于宋江墓前,一代传奇就此落幕。大梦一场,千思万绪涌现。

书中诠释了两个字"忠"与"义",可什么是忠,什么又是义?

我个人认为"忠"是忠贞,是忠诚,就像梁山好汉那般为了自己的兄弟奋不顾身,像李逵那般绝对信任宋江,饮下毒酒。但"义"这个字似乎有千万种解释,在不同人的心中,都有不同的答案。孟子曾说:"生,亦我所欲也;义,亦我所欲也。二者不可得兼,舍生而取义者也。"忠义,便可以解释为忠于自己心中的义。梁山好汉就是如此。在封建社会的阴霾下,在高俅等奸臣的刁难陷害下,他们奋起反抗,在一次又一次的斗争中舍生忘死,反贪官奸臣,只为了心中的义。"有的人活着,他已经死了;有的人死了,他还活着",梁山好汉就是这般"杀不死",他们的义,他们的反抗精神会鼓舞一代又一代人,刻在众人的心中。

我看见他们在黑暗的社会中匍匐前行。他们如腐朽时代这片汪洋里的一叶扁舟,摇摇欲坠,却坚守着心中的忠义,在风雨中坚持前行,掀起一片惊涛骇浪,留下浓墨重彩的一笔。

我如梦初醒,蓦然回首,他们的忠义熠熠生辉,他们的故事引人入胜,他们的一生何其精彩！我不禁思考：人的一生该是什么样子的？我心中又该坚守怎样的忠义？是像梁山好汉一样，历经磨难而不退缩，积极乐观而不颓丧，还是像风筝一般随风而行，飘摇不定，在彷徨与不安里悔过岁月？奋勇拼搏是一生，碌碌无为也是一生。尽管人生各不相同，既然都是一生，为何不让我们这短暂的人生闪闪发光，在盛夏的阳光里熠熠生辉呢？

北师大硕士毕业生黄文秀，放弃城里工作选择回乡，投入家乡建设。"你从城里回去，却再没有回来。"身为共产党员，她毅然站在脱贫攻坚第一线。后来却因公殉职，年仅30岁。"生如逆旅，一苇以航"是她的一生，她坚守了一个共产党员心中的忠义，在最美的韶华做最勇敢的事，造福他人，用生命谱写青春之歌。

疫情暴发时，有那么一群人，他们身穿白色战衣，如同巨人般毅然站在防疫第一线，为了他人的幸福与安全而努力。还有那么一群人，他们冒着风险为一线的"战士们"提供帮助，为他们创造了坚实的后盾。更有那么一群人，在人群中力挽狂澜，好似音乐会中的指挥家，好似一根定海神针，给无数人带来了希望，带来了必胜的决心。正因为他们心中坚守了对国家、对人民的忠义，才成为了逆行者。

古往今来，我们从不缺少忠义之人。那作为青少年的我们又该怎样做到忠义？我们的一生又该如何谱写？

《水浒传》里说"乐极生悲，否极泰来"。它告诉我人生曲折坎坷是常态，生活里既有晴天，也有阴雨天。我们在晴天播下的种子会在雨露的浇灌下成长。如果只有快乐而没有痛苦，这样的人生必定是没有意义的。成功成就人，失败造就人。我不愿瘫倒在泥潭里半途而废，我不愿埋没在洪流里默默无言。我也要坚守心中的忠义，去播种，去耕作，去创造来年的丰收。我要去扬帆，去划桨，去展望前路的光景。

就算我们不是宋江，也不是神机妙算的吴用，只是一个普通人，但作为共产主义接班人的我们拥有最好的机会——青春，我们处于最好的时机——当下。有人说我们穷极一生无法抵达"他们"所处的高峰，那又如何？

对国家，对社会，对未来……坚守心中的忠义，乐在攀登，我们应当看中现在，未来掌握在自己手中。"活在当下，不计得失"，长路漫漫也好，寒风凛凛也罢，路途中的阻碍都该被我们亲手征服。

盛夏晴空常在，路的尽头是否有繁花盛开？坚守心中的忠义，把握当下，书写青春。"生如夏花之绚烂,死如秋叶之静美",为自己的青春点起花火,让它绚烂一生。

点石成金

作者通过阅读《水浒传》向读者传递"人生曲折坎坷是常态,生活里既有晴天,也有阴雨天"的观点。全文内容丰富,富有说服力。作者希望我们每个人都要坚守心中的忠义,去播种,去耕作,去创造来年的丰收。

悲 悯

——读《艾青诗选》有感

◆ 学校：桐乡市求是实验中学　◆ 作者：蔡之琦　◆ 指导老师：陈丽琼

初读《艾青诗选》，是在五年级时，那时我心智尚稚嫩，只觉得他的诗不是太过激荡，就是太过沉痛，不甚喜欢；再读《艾青诗选》，便是这次暑期。我瞧见字里行间深沉而真挚的情感，产生了截然不同的感想。韩寒曾说，好的文字给人两种感受，一口气读完，或者舍不得读完。当我再翻开这本书，我只愿慢慢地读，更慢一点，以品味得更深，更高，更远。我愿在夜深人静之时，将它摊开来，轻轻放在膝上。在沾染了烟火的灯下，轻轻吟诵。

当读到《旷野》这一首诗时，我竟然控制不住自己的眼泪，任凭那温润的液体，在我的脸上流淌。我不得不承认，我"破防"了。往事浮现。

炎炎盛夏，蝉鸣聒噪。即使到了夜晚，仍有挥之不去的热浪与瘙痒。然而我又不得不陪着母亲去加油站加油。在拐角的地方，我看见了一辆泛着古铜色的三轮车，载满了大小不一、饱满鲜绿的西瓜。一个六十岁左右的老伯弯着腰挑拣着西瓜，小心翼翼地把最大最好的西瓜拿出来摆在上面。他不吆喝，只是在有人经过询问价钱时乐呵呵地招呼。

我注视着这个老农，直到他消失在我的视野中。加油站就在这条路的不远处，灯火通明，车满为患。排队加油的空当里，我突然问母亲，要不要买一个西瓜。其实我的本意并不是想解解馋，而是心里有一种莫名的情愫。那就是悲悯，那就是同情。时间也不早了，炎热的傍晚，那个老农的车上还是载满了西瓜，一看就可以知道并没有卖出多少。

母亲说，你去跟他说，让他把瓜送过来吧。

这样啊,那不是麻烦人家吗?

然而我还是去了,因为母亲说,加油站生意好。

我沿着昏黄的路灯急急走去,每一盏灯下都萦绕着虫蝇,嘈杂声起伏。终于到了老伯的三轮车旁,这时,已经聚满了人。老伯利索地处理着手上的事情,抬起头,看到我,笑呵呵地咧开了嘴,对我点点头说:"姑娘,你等一会儿,给你挑个大的。"我静静地立在车旁,等他招呼好客人。他回头准备给我挑瓜,一边挑,一边问我:"你想要多少斤的呀? 这样的怎么样啊?"

"老伯,我妈妈在那边加油站加油,您能把车开过去吗?"我有些拘谨地问道。

"好哇,当然可以。"老伯几乎没有犹豫,就骑上车,说,"小姑娘,你先过去,我马上过来了哈。"他笑笑,我便招招手,先向加油站走去了。

母亲还没有加好油,我便站在老农的车旁,和他闲聊。好几辆车从我们身边开过去,我内心颇有些愧疚。因为我的本意是为老伯招揽生意,然而事实并非如此。这儿反而比路口更加冷清。

我打量着这个老伯伯。绛紫的脸,黝黑的手,厚厚的嘴唇和皮肤是同样的颜色。发黄的眼白,笑起来,眼角有细细的皱纹,就像秋天的落叶飘落在池塘的感觉。他穿着一件灰色的薄背心,戴着草帽,俨然是生活拮据的样子。愧疚,同情,悲悯,交织于我心。

从与老伯的谈话中,我知道,他每天晚上要卖瓜到十一点。虽然赚不了多少钱,但好歹也能补贴家用。他又说晚一点要到凤凰湖去,那边生意好,而且十点左右又能避开城管。农人啊,始终为生活奔波着的人啊!

我们买了瓜,付了钱,老伯骑上了三轮车,掉转车头,在路灯下渐行渐远。我始终目送着他,在心中为他祝福。同时,内心也充盈着怅惘。他要辛劳到什么时候呢,而在当前的形势下,地摊经济又该何去何从呢?

我想到了艾青《旷野》中的诗句。

在那芦蒿和荆棘所编的篱围里
几间小屋挤聚着——
它们都一样地
以墙边柴木的凌乱,
与竹竿上垂挂的褴褛,
叹息着

徒然而无终止的勤劳；

又以凝霜的树皮盖的屋背上

无力地混合在雾里的炊烟，

描画了

不可逃避的贫穷……

艾青，这位伟大的诗人，早在几十年前就以沉痛的口吻，抒发了对社会底层人民止不住的同情和关怀。我忘不了艾青那双充满悲悯情怀的温柔而又热忱的眼睛，他用这双眼睛，洞察了人世间的一切美好与凄凉，又写下真挚而悲痛的诗句，试图唤醒那时人们心中的良知，呼吁人们去关怀善的，去抵抗恶的。他也知道，如果不推翻这样的旧社会，人民没法得到真正的幸福。

我可能会忘记尘世中，我所见过的许多人的眼睛，那些或空洞或麻木或贪婪或含着嫉妒之光的眼睛。但我永远不会忘记艾青的眼睛，他将永远明亮地闪烁在我的回忆中，为我尚未成熟的眼睛，注入一缕缕温和的光芒。如今，又有多少人能像艾青一样，有那样一双眼睛，有那样一颗心呢？悲悯情怀的核心是爱与哀，而非居高临下。

记得村上春树说过："当一个鸡蛋被扔向高墙时，无论那高墙有多么正当，我都会站在鸡蛋这边。"对他人的悲悯，应是人之天性，人，应该要有悲悯情怀啊！

点石成金

《悲悯》一文引经据典，从《艾青诗选》到现实生活，从个人经历到名家感悟，我们从中知晓了悲悯情怀的核心是爱与哀，而非居高临下。对他人的悲悯，应是人之天性，人，应该要有悲悯情怀啊！

凤凰涅槃，浴火重生

——读《红岩》有感

◆学校：嘉兴新丰镇中学　◆作者：何佳慧　◆指导老师：肖伟仪

每每读到郭沫若老先生《凤凰涅槃》这首诗，我就想到罗广斌、杨益言创作的长篇小说《红岩》，大多数人都只知道《红岩》，却不知道这本书的原名是《在烈火中重生》，江姐、许云峰等共产党人便是这经过火的燃烧后得到永生的凤凰，而这股坚强、视死如归的大无畏精神一直在我脑海中若隐若现。喜迎党的二十大召开之际，我又拿起《红岩》，细细品读。

"为了免除下一代的苦难，我们愿——愿把这牢底坐穿"，这是整本书中让我印象最深刻的一句话。在生活中我们常常会说诸如"我们胸前的红领巾是革命烈士用鲜血染成的""我们的美好生活是前辈的牺牲换得的"之类的话，但这是我们内心最真诚的感受吗？细细品读《红岩》，你会更加真实地感受到在那个黑暗时期共产党人的艰辛。

《红岩》主要讲述了新中国成立前在国民党统治下的重庆，一批共产党人在水深火热的渣滓洞和白公馆不惧酷刑与敌人进行殊死战斗的故事，歌颂了革命党人为国抛头颅、洒热血的爱国主义情怀。书中有为了给狱友争取水喝英勇牺牲的龙光华；有装疯卖傻隐藏多年的华子良；还有从小在监狱里长大，小小年纪就帮助大人做秘密工作，幼年牺牲的小萝卜头……一个个壮烈的身影谱写了一曲曲革命的赞歌。而书中身着一身蓝色旗袍、时刻冷静的江姐定是大家难以忘记的形象。第一次被江姐所震撼是看到江姐在城门口看到被残忍杀害的丈夫的头颅时，她强忍彻骨的仇恨与痛苦，毅然投入了新的战线，这需要多大的勇气啊。她化悲痛为力量，勇敢地担起丈夫未完成的事业。而再一次被深深震撼便是看到江姐受刑的场景，面对刽子手"竹签穿指"的酷刑，她坦然地说出"毒刑拷打是太小的考验！竹签子是竹做的，共产党人的意志是钢铁"！尽管血水四溅，十指连心的疼痛也没让江姐说出任何与共产党有关的秘密。与之形成鲜明对比的便是可耻的叛徒甫志高，他原为重庆地下党员，因私自回家探妻被捕，被捕后因不堪严刑拷打而叛变，导致许云峰、江姐等革命党人被捕，他还自私地说出"党给了我什么好处？凭什么要我为你们卖命"的话语，这是何等的讽刺啊！最令我佩服的是小萝卜头，他年纪比我还小，但却有着不一般的勇气。"我没有罪！我要出去！"这是小萝卜头宋振中的最后一句话，这句话深深地刺痛着我的心，他只有九岁，他从小生活在黑暗之中，他渴望自由，期待外面的世界，却被永远地禁锢在了黑暗之中。

"晨星闪闪，迎接黎明……东方的地平线上，渐渐透出一派红光，闪烁在碧绿的……绚丽的朝霞，放射出万道光芒"，这是小说的结局，读到这里，我内心的激动与悲愤仍未平息。血染红岩，才有如今的幸福生活。"刚柔相济，锲而不舍的政治智慧；'出淤泥不染，同流不合污'的政治品格；以诚相待，团结多数的宽广胸怀；善处逆境，宁难不苟的英雄气概"，红岩精神从未断流，它一直延续着，只是现实生活中又有多少人真正做到了呢？那段血与火的历史永远不该被遗忘，或许我们会拿"现在又没战争，如果在当时我也可以"做借口，但在黑暗脏乱，只有发霉的米饭的白公馆和渣滓洞，你能忍受几个小时？想想我们，面对学校里喷香的米饭和饭菜，我们都挑食，又何来为革命献身这一说呢？革命党人是浴火重生的凤凰，他们遭受过火烧般的折磨，背负着对反动派的仇恨，胸怀对革命的热情，投身于熊熊烈火，以生命的终结换取了新中国的祥和与幸福；"凤凰涅槃"是前人熠熠生辉的蜡炬，照耀着我们前行。

秀水泱泱漂红船，身在南湖畔，我们应学习共产党人留下的红船精神。作为一名中学生，在学习上，我们要锲而不舍，学习坚定理想、百折不挠的奋斗精神，为梦想而战；在生活上，我们要做一颗"螺丝钉"，向立党为公、忠诚为民的奉献精神靠齐；在科学研究中，我们要坚持创新，学习前人开天辟地、敢为人先的首创精神。哪有什么岁月静好，只不过是有人在替我们负重前行罢了。在祖国奔赴第二个百年奋斗目标之际，我们应保持初生牛犊不怕虎、越是艰险越向前的刚健笃实的精神，勇立时代潮头，争做时代先锋，接好前人递来的接力棒，踏踏实实将红岩精神传承下去，轰轰烈烈地描绘出亮丽的风景。

点石成金

在祖国奔赴第二个百年奋斗目标之际,我们应勇立时代潮头,争做时代先锋,接好前人递来的接力棒,踏踏实实将红岩精神传承下去,轰轰烈烈地描绘出亮丽的风景。全文行文流畅,小作者激励我们继承红岩精神,发扬红船精神,对新时代充满希望。

茶香氤氲中的江南故事

——读《望江南》有感

◆ 学校:嘉兴市实验初级中学　◆ 作者:徐子涵　◆ 指导老师:陈沈琴

"江南好,风景旧曾谙。"白居易在《忆江南》中如此评价江南。而翻开这本厚重的《望江南》,我看到的是一个不同寻常的茶香江南。

新中国成立前后,以杭嘉和为代表的杭氏江南茶叶家族,以各种身份和不同方式参与了茶文化发展与新中国建设。在杭嘉和的经营下,实现了机械制茶,杭茶还走向了世界;杭方越为革命不顾一切,奋战到底;杭盼为爱苦等多年……这些形形色色的人物展现了江南茶人所蕴含的坚韧、温和、儒雅,展现了那个时代独一无二的江南烟雨,令人读后备感亲切与温暖。

本书作者是著名作家、茅盾文学奖得主王旭烽,她凭"茶人三部曲"而出名。作为一名茶文化学科带头人,她不断学习、传播茶文化,致力于创造与茶相关的作品,因此茶的制法、茶叶工艺等在《望江南》中比比皆是。

写茶,也是写人。

有读者说,书中的人物就像是一片片被投入杯中的茶叶,上下浮沉,各自寻找安身之处。在作者笔下,女性坚毅执着,男性热血刚硬,各色人物都在改变,在成长。其中最令我动容的是杭寄草的先生罗力。

早年,他加入中国共产党,受委托至国民党做卧底,回来后却因为入党介绍人和联系人都牺牲了,无法证明与组织的关系而陷入被同伴怀疑的尴尬处境,但他仍然尽心尽力为党抓到了特务,只可惜唯一知道他资料的人最终也没有说出资料藏于何处……书中结局并未写明是否还他清白,但他的赤胆忠心早已向我们证明了共产党人最无畏、最坚忠的品格,这里面有茶的特质,更有我们的民族精神。

《望江南》中的江南,有浓郁清幽的茶香,有花红柳绿的美景,更有江南茶人为守护一方天地,不断向前的美好。"能不忆江南?"如此独特的《望江南》写出了江南文化的诗意,又蕴含着时代激昂的力量,写出了茶文化的历史内涵,更写出了中国人的风度性格。读罢此书,如品好茶,余韵悠长。

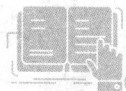

点石成金

　　《望江南》中的江南,有浓郁清幽的茶香,有花红柳绿的美景,更有江南茶人为守护一方天地,不断向前的美好。本文不仅点出了《望江南》一书饱含的诗意,更让人看到了书中所蕴含的激昂的力量。好文如茶,余韵悠长。

人生路上的告别

——读《漫长的告别》有感

◆学校:嘉兴市余新镇中学 ◆作者:吴梦颖 ◆指导老师:陈艳

《千与千寻》中有这么一句话:"你永远不知道,谁哪次不经意地跟你说了声再见,就再也不会见了。"谁也不知道下一个跟你告别的会是谁,又会在何时何地告别。而《漫长的告别》这本书会教你如何对待告别。

村上春树称《漫长的告别》是对他最重要的三本书之一。作为一本侦探小说,美国作者雷蒙德·钱德勒用他洗练的文笔塑造了一个放荡不羁的硬汉侦探——马洛。全书都在写发生在马洛与好友特里身上的一系列案件:特里被莫名安上了一起杀人罪名,最后他不得不用自杀来为自己赎得解脱。特里的清白可能也只有马洛心知肚明,马洛为了得到真相,不顾他人的警告和阻挡,毅然决然地踏上了寻找真相的旅途。

该书作者用一种别具风韵的笔墨,描写了旧时美国区域的社会风气。老式的酒馆、年久失修的烟斗、醇香浓郁的咖啡、醋甜清新的啤酒。马路上随处都是喝得烂醉如泥的酒鬼,打开电视机看到的就是当时最火的格斗术。这些无一例外地将读者带入了一个如痴如幻的世界。

"我的身边可能还会出现更多有趣的人,但我永远都不会抛下你。"这是马洛与特里友谊的见证。一个神秘优雅的迷人酒鬼和一个孤独不羁的硬汉侦探,他们就像是硬币的两面,无论抛到的是哪一面,自始至终你都在我的背面。"一生大笑能几回,斗酒相逢须醉倒",珍惜所有的感动,珍藏所有的友谊。

我个人很喜欢马洛那种放荡不羁的性格,对于他人的压迫,他永远做出最勇敢的反抗。你不需要在意他人的想法,你不是别人的小狗,你不需要对他人唯命是从,你要做向上攀爬的树藤,而不是向下坠落的星星。有了目标,你就大胆去做,就像马洛那样,即使受了不少苦,也会再坚强地爬起来。

我本身就是一个比较慢热的人,我比较害怕与陌生人交往,可对于熟悉的人,我却愿意敞开心扉,所以我特别珍惜那些我所熟悉的人。也许正因为如此,对于别人的请求,我不好意思去推托,但马洛教会了我应对这一切。温柔并不代表着没有底线,要做一个勇敢去面对困难,不会胆小地畏缩在人群后面的人。

闲看花开花落,静观云卷云舒。能过上自己想要的生活,你才能将那份肝胆相照的友谊安全地收藏起来。

特里最后的自杀,给马洛带来了这辈子最难弥补的伤害。"告别就告别吧,真正的离别,没有桃花潭水,没有长亭古道,只是在那个洒满阳光的明媚早晨,有人留在了昨天。"告别是件简单的事,事情越是简单就越是自然,那么简单而自然的事,往往是对的。

从描写美国旧社会,过渡到处于旧时空两人的友谊,再到最后的离别。纤云笼罩在我的上空,告诉我离别就是这样……

点石成金

谁也不知道下一个跟你告别的会是谁,又会在何时何地告别。全文通过阅读《漫长的告别》一书向读者展现如何对待告别,作者娓娓道来,文中处处有真情,告别是件简单的事,"纤云笼罩在我的上空,告诉我离别就是这样"。读罢此文,我们对于告别应该会有新的感悟。

不负韶华　自律奋进

——读《律己典范》有感

◆ 学校:禾新实验学校(良秀校区)　◆ 作者:朱珍荣　◆ 指导老师:解文静

在这个浮躁的年代,只有自律的人,才能脱颖而出,成就大事。

——题记

《律己典范》是《中华道德楷模丛书》中的一本,收录了从古至今的道德楷模们的先进事迹。暑假里,我读完《律己典范》后,收获满满:要想在学习上取得优异的成绩,就要严于律己,自律奋进。

历史上,自律者易成大事。曾国藩把自律做到了极致,甚至在他去世的前一天都还在写书写日记。一个寒冬腊月的晚上,年仅十四岁的曾国藩正在埋头苦读,正巧有个贼趴在他的房梁上,本想等他读完书熟睡之后再下手,想着这大冷天的,曾国藩肯定是读一会儿就睡了,但是左等右等,就这几百个字,曾国藩就是背不下来,贼人在旁边听得是心急如焚。他勃然大怒,跳出来说:"瞧你这笨蛋,就你还读书。"说完之后把那文章倒背如流,扬长而去。曾国藩就是这样一个资质平平的人,却创立了所向披靡的湘军,镇压太平天国运动。曾国藩在他的家书中写道:"凡做一事,无论大小易难,皆宜有始有终。"他就是按照这样的标准,无论大事小事,以不断完善自己的方式取得了成功。曾国藩自律的十二条法则更是让我敬佩。包括主敬、早起、谨言、读书不二等等,这些对于我们现代的中学生也是非常有启发的。

当今社会,自律也是尤为重要的。自律者自由,勤奋者获胜,没有谁能随随便便成功,任何优秀的人,都是靠勤奋自律才能成就非凡的人生。谷爱凌自小就极其自律。为了参加训练,每周坐四个小时的车赶往滑雪场,永远热情高效地把自己的事情做好。自律者天助之,因此,她能不断摘取滑雪赛事的桂冠,并取得了斯坦福大学的入学资格,超强的自控力与不停息的刻苦练习,让谷爱凌的人生精彩非凡。2022年北京冬奥会上,范可新所在的短道速滑混合接力队战胜群雄,为中国夺得首金,鲜花和掌声的背后有她不惧风雨、勇往直前的身影:年少成名的范可新,差点因贫血症退役,此后又不断与伤病做斗争,克服重重苦难后,重新回到短道速滑队。她们的经历都告诉我们:成功之路,从来不是一帆风顺的,而是铺满荆棘,真正的强者,会把荆棘丛林看成铺满鲜花的原野,步履坚定,勇往直前。

从古至今,就是因为这些有着美好品质的人,我们的国家才一步步走向富强。他们的自律勤奋为我们的祖国踏出了一条光明大道。

现在,我是一名初中生,身边有优秀的老师,有优质的学习资源和舒适的学习环境,我们没有理由不去努力学习。从这一刻起,我要自律奋进,早睡早起,制订详细的学习计划:坚持每天阅读一小时,坚持每天写日记来提升自己的作文水平;坚持每天练字,让浮躁的心平静下来;坚持每天锻炼,强身健体;坚持上学日不拿手机,不用电脑,周末严格控制自己用手机的时间;坚持上课认真听讲,不做小动作;坚持整理错题笔记,学会整理归纳。自律说起来容易做起来难,但读了《律己典范》后,我一定会自律奋进下去的。

自律的人不一定都能成功,但成功的人,都是在别人看不见的地方也能严于律己。那些在别人看不见的地方也自律的人,真的连老天爷都不忍辜负,请相信:在暗处执着生长,终有一日馥郁传香。

点石成金

《律己典范》是《中华道德楷模丛书》中的一本,诚如作者所言,要想在学习上取得优异的成绩,就要严于律己,自律奋进。自律的人不一定都能成功,但成功的人,都是在别人看不见的地方也能严于律己。请相信:在暗处执着生长,终有一日馥郁传香。全文文句质朴,催人奋进。

剑与天平

——读《水浒传》有感

◆学校:海宁市第一初级中学 ◆作者:钱叙辰 ◆指导老师:裴正一

> 只有当正义之神握剑之力与提秤之技并驾齐驱时,才能实现完满的法治状态。
>
> ——德国著名法学家鲁道夫·冯·耶林

为什么一本好书值得我们反复品读,因为它总能让我们在不同的人生阶段获得不同的人生感悟:或为至暗时刻中的激励,或为功成名就后的警醒,或为勇闯天涯时的豪迈,又或为肆意妄为后的反思……对我而言《水浒传》正是这样的好书。

《水浒传》取材于北宋末年宋江起义的故事,全书通过描写梁山好汉反抗欺压、水泊梁山壮大和受宋朝招安,以及受招安后为宋朝征战,最终消亡的宏大故事,艺术地反映了中国历史上宋江起义从发生、发展直至失败的全过程。它是中国四大古典名著之一,也是中国历史上最早用白话文写成的章回小说之一,流传极广,脍炙人口;同时也是汉语言文学中具备史诗特征的作品之一,对中国乃至东亚的叙事文学都有深远的影响。

孩童时期的我其实就接触过《水浒传》,当时读完以后脑袋里只有"爽"这一个字。好汉们精湛的武艺,精彩的冒险,以及他们之间看得比金子更重要的情谊都给我留下了很深的印象。而在听闻了"某些以暴制暴的恶性事件",了解了黑社会性质组织的危害性、法治社会的重要性,学习了两年的道德与法治知识后,再去看《水浒传》却又有了不一样的想法:腐败的官府固然是邪恶的,但那些与官府对着干却只顾自己"大碗喝酒,大口吃肉,大块分金银"的好汉们真的就是正义的吗?这个问题我思考了许久,直到正义女神朱斯提提亚的形象在我的脑海中浮现。

她是一位蒙眼女性,穿白袍,戴金冠。左手提一个天平,置膝上,右手持一剑。白袍,象征道德无瑕,刚正不阿;蒙眼,因为司法纯靠理智,不靠误人的感官印象;天平比喻裁量公平,在正义面前人人皆得其所值,不多不少;剑,表示制裁严厉,决不姑息。前天平后剑,则代表正义女神虽然主张公平正义,但不提倡不必要的暴力。而如果挥剑不带着天平,意味着赤裸裸的暴力;如果掌天平不带着剑,意味着毫无威慑力;如果不蒙上眼睛,意味着裁量公平会受到感官印象的影响。仔细一想,腐朽无能的官府不正是"有天平,无利剑"吗? 只按自己喜好办事的好汉不正是"有利剑,无天平"吗? 只讲信义的好汉和只图利益的贪官不都是"不蒙眼睛"吗?

"有天平,无利剑"——法律丧失尊严,正义失去保障

在鲁提辖拳打镇关西的故事中有一个细节引发了我的关注,金氏父女在被镇关西胁迫后竟然选择不去报官而是去卖唱以积攒钱财还"典身钱"。这就很奇怪了,要知道在两宋时期对于强抢民女的罪犯一直有极为严厉的惩罚。在《庆元条法事类》中甚至有这样的记载:"流三千里,配远恶州。"可为什么他们就是不去报官呢? 事实上那时的官僚们大多腐败至极:大儒范仲淹,就曾向朝廷上了一封万言书《上执政书》,指出宋朝70%~80%的县官是不合格的,不是志在贿赂,就是"做一天和尚撞一天钟——得过且过";北宋中期文坛领袖苏轼,也在他的策论《决壅蔽》中写道:"今也不然。天下有不幸而诉其冤,如诉之于天;有不得已而谒其所欲,如谒之于鬼神。"痛批官府的不作为。除此之外,还有王安石等一众文人都曾指出并批评过官府的腐败与作风问题,北宋政府的腐朽程度可见一斑。想必金氏父女也知道就算他们去告了,即使他们有充分的法律依据,可面对镇关西这样有钱有势的大地主,再加上一个极度腐朽的烂政府,他们的冤情与诉求也只会石沉大海,自己甚至会被倒打一耙。所以他们选择忍气吞声,但他们是幸运的,他们遇见了鲁智深。可试想一下,那些没碰到好人但也有冤情的人呢? 他们的冤情可能比金氏父女的更为深重……

他们怎么办?

不仅如此,北宋的执法能力也是极为羸弱,从史家庄和桃花村发生的故事来

看,北宋政府甚至不会去管一个小型匪帮窝点。

当时的社会,法律没有尊严,正义得不到伸张,正因如此,好汉们出现了。

"有利剑,无天平"——法律沦为陪衬,正义沦为暴力

"法律是由国家强制力保证实施的。……对全体社会成员具有普遍约束力。"这是《道德与法治》书上对法律特征的定义。而在北宋,当国家强制力式微,对全体公民丧失约束力时,好汉们出现了。在官府的棍棒无力挥舞时,他们举起了自己的武器;在政府的法律失去效力时,他们更愿意遵守道义;而在世间的正义无人守护时,他们更愿意维护自己的利益。

首先好汉们的侠肝义胆是肯定的:拳打镇关西、醉打蒋门神、大闹飞云浦、血溅鸳鸯楼……这些事迹的确是英雄的行为,也的确惩了恶扬了善,可这种行为终究是越了界,也会对这个社会产生不良的影响。

想起小的时候读少儿版的《水浒传》,它是有所删减地只写到一百单八将在梁山聚义便结束了。该书在最后写道:"从此以后,一百零八好汉,在聚义厅内大吃大喝。只有'替天行道'的大旗在厅外迎着风呼呼作响。"当时这句话就像一盆冷水浇灭了我读此书时的满腔热血:这是什么意思?难道说好汉们只顾自己吃喝,不愿替天行道吗? 现在重读此书,倒也觉得这段话不无道理,在书中唯一记载的好汉们救济穷人的案例就只有攻破东昌府后,打开粮仓将粮食分给老百姓。其次,他们也并没有改变整体的社会面貌,那些穷人依旧为生计所困,而那些罪魁祸首依旧没受到惩罚。

"为实现正义,哪怕天崩地裂"

正所谓时势造英雄,北宋末年的黑暗时代造就了不是英雄胜似英雄的好汉。他们虽没有切实改变广大百姓的穷苦状况,但他们仍心怀正义。路见不平,往往会拔刀相助,也不会为了利益背叛同伴。即使他们的行为有些出格,可他们是好人,真真正正的好人。如果他们生活在一个更好的时代,想必他们会用更好的方法创造更大的辉煌。

而我们就是身处在了这样一个好时代,党和国家通过反腐倡廉使得政清吏廉,通过扫黑除恶实现社会平安。从让一部分人先富起来,到全民小康、共同富

裕……这一切成就是在过硬的执法能力(利剑)与完善的司法体系(天平)上建立的,是正义的,立于法治社会之上的。

"为实现正义,哪怕天崩地裂",这是一句古罗马的法谚,初看时觉得挺荒唐的,可想想北宋的黑暗社会,再看看现在的美好生活,我又不自觉地认同起来:是啊,天崩地裂固然可怕,但一个目无法纪、没有正义的社会又能好到哪去呢?

作为新时代的新青年,我们应该守护正义,学法、知法,增强法治意识,维护法律的权威,好好学习,为美好明天而努力奋斗!

点石成金

从孩童时期阅读《水浒传》的"爽",到学法之后看到《水浒传》的"以暴制暴",再到了解正义女神朱斯提提亚,感悟《水浒传》中的"剑与天平",本文小作者对于《水浒传》的理解越来越深刻,越来越独特。更难能可贵的是,小作者还能走出文本,联系国家的历史和现在,表达自己对忠义与法度的看法。

生命之海

——读《海风下》有感

◆学校:桐乡六中教育集团振东中学　◆作者:谈晓露　◆指导老师:徐舒心

　　如果你是一只滨鸟或一条鱼,钟表或日历衡量的时间毫无意义,唯有生命与海洋。

——题记

　　海风拂过,翻起海水。这一刻,无数生命迎来巨变。

　　《海风下》是美国作家蕾切尔·卡逊对海洋生物的描绘。翻开书页,如同站在海边,海风拂面,体会潮涨潮落,感受盐沼上浮动的薄雾,看着冰鸟沿着海浪线上下翻飞,看那年迈的鳗鱼和年幼的西鲱一齐游向海洋。从海滨生物,到广阔的海洋,再深入海底,身临其境,不禁感叹生命的奇妙。

　　生命奇妙,却极不易。三趾鹬回归北极后,大雪还会随着寒风到来,寒冷饥饿带走了许多生命,也培养了更多坚强的生命。脆弱的鲭鱼卵孕育着无数新生命,但等待着它们的却是陌生的大海和危险的捕食者,因为种种意外,每一千颗鱼卵中只有一颗可以完成发育。而幸运存活的鲭鱼仍要面对可怕的天敌和狡猾的渔夫,不断地与命运抗争……

　　一丝海风勾起我的思绪,快步走向阳台,阳台外铁架上的那盆含羞草开花了!

　　这个夏天酷热无比,每一天都晴空万里,阳光炙烤大地,含羞草也没能幸免于难。特别是当那盆长势喜人的含羞草无缘无故掉光了叶子时,我的担忧积压在心头,挥之不去,但我没有放弃,因为我相信它们一定还会再次抽出新芽。它们果然没有让我失望,竟"起死回生",迎着骄阳烈日努力生长。虽多次被晒伤,但是靠着顽强的生命力存活了下来,趁着暮夏的阳光开出了可爱的花朵。

粉嫩的花朵如同一个个毛茸茸的小球,上面点缀着星星点点的白色,在阳光的照耀下,在绿叶的映衬中,似乎戴上了光环,像天使般灿烂。空气中似乎弥漫着灿烂的色彩,一阵阵的清香仿佛萦绕鼻尖。伸手轻轻触碰绿叶,它便缓缓合拢,是害羞还是调皮呢?

面对困境,迎难而上,坚持不懈,书写出生命的坚强、神奇,这是含羞草,是鲭鱼,是海洋,是生命!生命便是在这样的困难,这样的抗争中,变得伟大,变得永恒。

海洋孕育着生命,而生命在不断地拼搏,超越。

潮起潮落,迈过湿润的沙滩,迎着海风,望远方的波澜壮阔,那是生命之海,永不熄灭的生命之海。

点石成金

世界上最公平的东西是时间,最妙不可言的是生命,作者从《海风下》海洋生命的顽强联系到自己身边的生命,拉近与生活的联系,让作品不再高高在上,反而萦绕身边。我们从各个角度研究生命,探索生命,但是我们从未看破生命,或许这才是生命之奥妙。感觉它很脆弱的时候,它坚韧无比;感觉它很简单的时候,它深奥无比。但是很幸运,我们每个人都在拥有生命,享受生命!作者的笔触虽显稚嫩,但是已经足够彰显其对生命的思考。

身处井隅，心向璀璨

——读《骆驼祥子》有感

◆ 学校：浙江师范大学附属秀洲实验学校　　◆ 作者：宁昱静　　◆ 指导老师：陈维

"钱会把人引进恶劣的社会中去，把高尚的理想撇开，而甘心走入地狱中去。"老舍的《骆驼祥子》向我们叙述了身处旧社会中的人们的挣扎与无力。

《骆驼祥子》讲述的是北京人力车夫祥子的人生经历。老舍先生以京味儿的语言，动人的笔触勾勒了一个生龙活虎的祥子，他淳朴老实，来到北平当洋车夫，兢兢业业，希望拥有一辆属于自己的车。像每一个平凡人一样，祥子心中有束光，怀揣着对生活的热情和对苦难的不屈。此时的祥子正直善良，灿烂极了。他"穷且益坚，不坠青云之志"，丝毫没有沾染市井喧嚣的浮躁和声色犬马的诱惑。人活于世，应如祥子一样拥有美好的梦想，迎着朝阳晓露实干，把握岁月，沉潜奋斗。

"那辆车是他的一切挣扎与困苦的总结果与报酬，像身经百战的武士的一颗徽章。"祥子辛辛苦苦，从早到晚，从东至西，为了买下这辆梦寐以求的车而存下的钱，竟被孙侦探骗去了，又被虎妞愚弄被迫娶她为妻，此后，他的人生越发暗淡，各种麻烦接踵而至。虎妞难产而死、挚爱小福子的死讯，一件一件，压得他喘不过气，刺破了他引以为傲的脊梁。他甚至失去了挣扎的勇气，眼睁睁地看着自己坠入深渊！一个鲜活的生命沦落为时代的泡影，他自甘堕落，放任自己被洪流吞噬。

"我总在最深的绝望里，遇见最美丽的惊喜"，这世上从没有绝对糟糕的时代，只有像祥子一样苦苦哀叹却不作为的人。祥子的堕落，狡猾，自私，走向深渊，让人遗憾。在那时黑暗的社会里，保持内心那束光不熄灭太难了。祥子的命运似乎是黑暗社会底层人们的归宿，但真的就这样认命吗？如果因外在的挫折，放弃内心的追求，是不可取的。"世界以痛吻我，我要报之以歌"，纵使道阻且跻，我们也要以一颗恒心对抗诱惑和嘈杂，笃定不移。只有构筑精神的高地，留存理想的底色，才能使灵魂的原野郁郁葱葱、精神的河流碧波荡漾，而非像祥子一样沦落为行尸走肉般的末路鬼。

所幸，我们活在这珍贵的世界，太阳强烈，水波温柔，没有黑暗与腐朽。祥子的悲剧是社会的悲剧，而我们身处最好的时代，最伟大的国家，应当学会珍惜。作为新时代青年，我们要化微光为光明，化光明为火焰，踔厉风发，涌入人潮，昂首无畏拥抱明天，"喜看稻菽千重浪，遍地英雄下夕烟"。实现自我价值，不负青春，不负时代。朝霞与鹰隼齐飞，华夏共少年同辉，我们一起绘就属于这个伟大时代的山河锦绣，书写属于这个伟大国家的华美篇章！

祥子的悲惨令人扼腕，但我相信纵使身处井隅，只要心向璀璨，"志之所趋，无远弗届，穷山距海，不能限也"。极致黑暗，也会因微弱萤火带来生的希望！

点石成金

本文开篇叙述身处社会底层的人——祥子的挣扎与无力，揭露封建社会的黑暗。从作者情真意切的文字中，可以深刻感受到，"即使身处井隅，也依然保持一颗积极、昂扬的赤子之心"，"世界以痛吻我，我要报之以歌"是作者的坚定信念。

向阳而生　逐光而行

——读《哈利·波特》有感

◆学校:禾新实验学校(良秀校区)　◆作者:苏凯　◆指导老师:王晓凯

在人生的征途中,生活的挫折时常让我们萎靡不振,徘徊彷徨。挫折会给我们带来无尽的烦恼与惆怅,但此时,我们需永远保持一种向上的姿态,把背影留给黑暗的过去,将笑靥朝向光明的未来,如向日葵般,振作精神,勇往直前。我们走在成长的路上,难免遇到挫折,正因如此,我们要向阳而生,逐光而行。

《哈利·波特》中的主人公哈利正是这样一个典型的代表。这本书看起来是在呈现跌宕起伏的故事情节,实则是在记录哈利那一段段向阳而生的成长经历。他本是一个懵懂、跌跌撞撞的少年,在人生的道路中历经磨难,选择了勇敢与面对,选择了坚持和决心,选择了逐光而行的人生道路,最终,他成长为坚毅的英雄少年,正如向日葵,根系发达,茎秆直立,花朵繁茂。

忍让——扎根

哈利从小被寄养在姨妈家里,得不到父母的关爱,缺乏亲情,同时饱受歧视与欺侮,但这并没有让他内心缺少情感。哈利虽讨厌他的表哥,但在摄魂怪突袭麻瓜世界时,哈利施魔法救下了一直虐待他的表哥;哈利也心生怜悯地放过了过去的仇人,他一次次地选择放下,释怀过去。我想,在那一刻,他学会了忍让。对啊,这多么像向日葵的根啊,在泥土中汲取养分,慢慢向下深入扎根,隐忍,最终根系四通八达。

我在哈利身上仿佛看到了自己。现在,我是一名初二的学生,正处于初中生涯的分水岭,也处于青春敏感期。在与同学相处时,我有时会为了一句话,一点小事而争执。此时,适当地忍让,能让我更好地融入班级的大集体中,忍让不是懦弱,而是一种包容,一份和善。有容,德乃大。

坚持——生长

哈利进入霍格沃茨魔法学院后,进行了一次分院,成长经历和能力与伏地魔相似的他,却让分院帽犯了难,最终,哈利坚持选择了代表勇气的格兰芬多,而不是去阴险黑暗的斯莱特林。我认为他与伏地魔最大的区别就是心中有爱,有一种对未来美好生活的憧憬,纵使内心低迷,依然一心向阳。我想,在那一刻,他学会了坚持。是啊,人生多么需要坚持啊,就像向日葵,在生长的过程中,难免会遇到狂风暴雨,但是,挺直腰杆,就能收获成长。

想想我自己,在学习的过程中,并不是一帆风顺的,我也会遇到许许多多的烦恼:有时是因为繁多的作业而没有空余的时间放松,有时是因为绞尽脑汁都无法解决的难题,也有时是因为疲惫的学习状态……很多时候,我会焦虑,会无所适从,但我也一定会坚持,我把坚持和奋斗作为自己的座右铭,激励自己,同时付诸行动,我始终相信,"有志者,事竟成,破釜沉舟,百二秦关终属楚;苦心人,天不负,卧薪尝胆,三千越甲可吞吴"。

勇敢——绽放

连自己都战胜不了的人,谁也战胜不了,而战胜不了你的,会让你变得更强大。原先的哈利看到疯眼汉被伏地魔杀死后,面对伏地魔,面对自己眼前的困难,他内心的第一反应是害怕,流露出胆怯,心中也开始质疑自己的能力——"我有什么能力能战胜伏地魔,难道就仅凭爱?"他想到了退缩,想到了放弃,但后来,他又想起了自己的亲人、挚友、老师,他们都对他抱有坚定必胜的信念,为了哈利,他们甘愿牺牲。此时,他才明白,有那么多人爱他,即使后面的道路危险重重,他也决不能退缩,他明白,这是为了爱他的亲人们,为了自己身上所肩负的责任。我想,在那一刻,他学会了勇敢。勇敢并为之义无反顾,终能如向日葵般在明媚的阳光中肆意地绽放。

在自己的人生道路上,我们要勇敢选择自己未来的道路,即使那条路"荒草萋萋,十分幽寂"。我们要坚信过去的已经成为历史,明天又是一个全新的开始,我们无法预测明天,也无法重回昨天,所以只有勇敢地把握今天,也许多年后回看,这条路上风光无限。

我相信在我们的努力下,目光所及,心之所向;笔锋所至,皆是巅峰;以梦为马,不负韶华。我们将一腔热血洒在自己的青春年华,向阳而生,逐光而行,努力扎根,顽强生长,绚烂绽放。

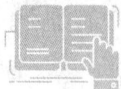

点石成金

《哈利·波特》系列风靡全球已20年有余,它带领一代又一代的孩子去冒险去追逐梦想。犹如本文作者所说,我们虽然没有生活在一个魔法的世界,但是我们每天经历的一切,也是打怪升级、自我修养的过程。小作者在阅读中,学习到了哈利向阳而生、逐光而行的精神,这也必将指引着他成为更好的自己。

独立是终身浪漫的开始

——读《简·爱》有感

◆学校:嘉善县大云镇中心学校 ◆作者:叶李莎 ◆指导老师:吴宇青

翻开书,每一页都是成长的刻度;每一次打开书本,都是在向灵魂致意;每一次分享清词丽句,都能得到如沐春风般的享受;每读一本书,都像是参与了一次他人的人生。

翻开《简·爱》此书,总能带给我新的惊喜与温馨。简·爱的生活经历、悲欢离合总能让我潸然泪下。所遇到的碰撞与冲突,总能让我的灵魂也随之激荡,总能让我受益匪浅。

逆境浇灌出的花朵——夏洛蒂·勃朗特,在文学史上熠熠生辉,却一生颠沛流离:童年生活条件恶劣,后来进入教规严厉的寄宿学校读书。夏洛蒂长大后曾经当过教师和家庭教师,但受尽歧视,一生并非无忧无虑、幸福安康。

正因如此,她把眼光投向中下层阶级,用手中的笔描绘他们的悲欢,同时,也用手中的笔救赎自己:刻画一个和自己相似度极高的简·爱形象,给予她爱情、财富与独立,让她替自己美好地活下去,不留下遗憾。

简·爱保持了思想的自由和精神的独立,不会在爱情中成为一朵凌霄花,书的字里行间蕴含着对女性地位的铿锵发声。

这是他们的第一次萍水相逢。简·爱去桑菲尔德的路上帮助了一个从马上摔落的绅士,他正巧是桑菲尔德庄园主罗切斯特。之后的那段日子她得到了温暖和理想的待遇。简·爱在与罗切斯特的交流中,逐渐发现自己深深爱上了他。罗切斯特也被她不同常人的智慧与人格深深吸引,他试探她,测试她对他的真心。

他们互诉衷肠,决定结婚。谁知,好景并不长,在结婚那天罗切斯特被迫吐露真情——他有妻子。简·爱对罗切斯特的欺骗与隐瞒无法接受,面对这不平等的关系,她悲凉地为爱情画上了句号。她悄悄离开了,竭力想忘掉自己对罗切斯特看来毫无希望的爱慕。

命运坎坷,在新的旅途中,她认识了约翰、戴安娜、马莉这三兄妹,并受到了他们的照顾。而简·爱终究惦记着罗切斯特先生,并决定重新去找他。她回到了她担任家教的地方,意外地得知罗切斯特先生那位患有精神病的妻子放火烧了这个庄园,罗切斯特先生的眼睛也因此瞎了。然而简·爱并没有嫌弃他,她还深爱着他,她毅然留在他身边照顾了他一生。

让人敬佩的是她对爱情的理解与忠诚。起初,简·爱虽深爱着罗切斯特先生,却未违背上帝嫁给一个有妇之夫。时隔多年后,她为了罗切斯特拒绝了牧师的求婚,她果断和已经倾家荡产的他在一起,只是单纯因为最真诚、没杂质的爱慕。

千帆过后,尽头便是幸福,这是对真爱的诠释。所以真正的爱是灵魂与心灵的交流,这是原则性的爱。

虽然在21世纪,现代女性拥有简·爱的大部分高尚品质,但随着时间的推移,一些女性在社会环境里迷失了自我,将独立自爱从自己的身体内连根拔起,成为依附于他人的菟丝花。

在爱情的问题上,简·爱的回答与做法值得我们每个人思考。什么是真正的爱情?是委曲求全,是顾全大局,还是活出自我,不被束缚?

简·爱对自爱独立的回答也让我重新思考。"你只能借助你自己。"

我钦佩简·爱无路可走时将独立放入自己的体内。我敬佩她,赞赏她思想的独立,生命的顽强,执着的反抗,以及对于原则的阐释。

独立走向幸福。

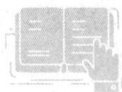

点石成金

《简·爱》是夏洛蒂·勃朗特创作的具有自传色彩的长篇小说,影响深远。从本文小作者的文字中,可以看出其对小说主旨的深入解读。优美的语言,思辨的文字,无不展现着小作者沉浸在小说中所获得的独特阅读感悟,读来回味无穷。

智深胸襟长存世，雪中送炭驱阴霾

——读《水浒传》有感

◆学校:海宁市紫微初级中学　◆作者:黄哲涛　◆指导老师:孙婷

大河向东流哇，天上的星星参北斗哇……路见不平一声吼哇，该出手时就出手哇……

——题记

天罡地煞聚百八，肝胆忠烈为一家——一碗酒、两杯茶、三更梦、四海情，八方好汉齐相聚。每每听到这铿锵有力的旋律，脑海中就能浮现出梁山好汉的飒爽英姿。

那些刀光剑影的快意江湖，那些波澜起伏的千军万马，都为我们留下永不谢幕的梁山一梦。但正如金圣叹所言"人有其性情，人有其气质"，一百零八个好汉中令我念念不忘的当属"花和尚"鲁智深。

春风化雨，鲁达的侠肝义胆、疾恶如仇在腐烂之处开出清润之花，云蒸霞蔚绚烂多彩。当他在酒楼得知金家父女惨遭镇关西强媒硬娶时勃然大怒，当即赠送二人银两并亲自护送他们逃出虎口。第二天先借买肉之名激怒郑屠，继而挑起争端三拳打死镇关西，为民除害。当高俅污蔑林冲致其发配沧州时，鲁智深暗中保护，在野猪林解差准备杀人灭口时及时冲出，解救林冲。看到这，我真为鲁智深的正直无畏而心悦诚服——

鲁智深见义勇为，将救人于水深火热视作自身义不容辞的责任，为此他日后还侠肝义胆大闹桃花村拯救刘太孙之女。他扶危济困，即使自身会因此触犯律法而遭到追捕，纵然自己会因此失去提辖之职，他仍义无反顾拔刀相助。

塞涅尔曾动情落笔:"真正的伟大,恰恰是那看似脆弱的躯体后面,散发着神性的灵魂。"行侠仗义固然使人肃然起敬,但在当今社会,平凡人的帮助与坚守亦可光彩夺目。

且看近日,苏州一男童玩耍时不慎跌入河塘,千钧一发之际,一位年逾古稀的老人奋不顾身跳河救人,在自己的脚被多处划伤的情况下仍燃烧残余的力量托举孩子的生命。一声感激,诉不尽千恩万谢;满心话语,道不完老人年迈的躯体背后闪烁的温暖灵魂。又如因"你这背景太假了"而闯入人群视线的博主"疆域阿力木",短期内涨粉百万的背后却有着感人肺腑的故事:家境贫寒的他偶然开启新疆的人生之旅,通过直播带货的形式为当地蜂农开拓销量。他意外走红后面对居心叵测之人的恶意猜忌与质疑,掷地有声地喊出"努力的意义不是摆脱贫困的家乡,而是帮家乡摆脱贫困",假背景,真赤诚,他尽心竭力为新疆未来的璀璨而奋斗。

由此可见,无论是《水浒传》中的鲁智深还是当今形形色色的热心人,坚实的手和炽热的心,都能使漂泊四海的灵魂紧紧相拥。

锦上添花之易,不在花多,而在锦盛;雪中送炭之难,不在炭贵,而在雪寒。鲁智深之所以能够保持两肋插刀的炙热之情,正是源自内心那矢志不渝的义气与忠诚。

揆诸现实,君且看,当有人风华正茂时,他人为了伸手可及的利益,即使手中的花再珍贵,也会毫不犹豫一掷千金趋炎附势只求将来飞黄腾达;君且观,当有人枯鱼涸辙之时,纵然他人有意相助,也会弹斤估两,吝啬手中不值一钱的"贱炭"。诚然,精致的功利主义兴许能使人不再吃亏,但也会使人从此失去真挚的情谊。当津津有味的生活戴上世俗红尘的虚伪面具,当人们用衣香鬓影里的笑语盈盈粉饰腐朽酸臭的野心勃勃,每天为了鸡虫得失而机关算尽,那么,人生终将变成冰冷枯燥的数字。

须知,人生在世不单是简单的加减法,我们更应该在物欲之外点亮一盏纯粹的心灯,正如水浒好汉的耿直与真诚,将得失成败置之度外,正如鲁智深的热血与豪迈,只求无愧于心。不管是锦上添花还是雪中送炭,都能驱散阴霾与虚妄。

鲁迅先生曾怀着满腔热忱写下:"愿中国青年都摆脱冷气,只是向上走,不必听自暴自弃者流的话。能做事的做事,能发声的发声。有一分热,发一分光。就令萤火一般……"是啊,我们在对"我自横刀向天笑"的英雄气概久怀慕蔺时,更应常怀"相逢意气为君饮,系马高楼垂柳边"的少年意气,以沸腾的心遣散阴寒,飞扬希望。

行鲁智深之见义勇为,炽心坚守平凡,反哺社会;

效鲁智深之耿直真诚,真心善待友人,曙光乃现;

习鲁智深之正直无畏,丹心照耀日月,熠熠生辉。

"路见不平一声吼哇,该出手时就出手哇,风风火火闯九州哇……"

水浒世界的好汉,鲁智深心中的道义,现实社会的关怀,都在黑暗之夜长出洞彻之眼,尘滓蠲尽而光生其间……

点石成金

这篇读后感的优点在于,对《水浒传》有自己独到的阅读感受。《水浒传》里写了众多的人物,小作者选取了最有典型性的鲁智深形象进行分析,重点抓住了他身上的侠义形象,分析这个人物身上的真善美。小作者不仅仅停留在对《水浒传》本身阅读意义的阐述上,还把阅读《水浒传》和生活的现实联系起来,让经典阅读有了现实的意义,这是非常好的挖掘。

照亮黑暗的孤勇者

——读《水浒传》有感

◆学校:海宁市第一初级中学　◆作者:胡子伊　◆指导老师:杨云飞

"岁月不败勇者,我战益弥坚。孤独历练英雄,纵赤手空拳。"当我看到这段文字时,脑海中立刻浮现出了"武松景阳冈打虎"的这段英雄传奇。这,便是对"孤勇"一词的最佳诠释……

那么,人类赤手空拳真的能打得过老虎吗?老虎作为世界上最大的猫科动物,享有着"百兽之王"的美誉,拥有无可匹敌的力量和敏捷性,堪称完美杀手。有研究显示,老虎的体重相当于三个强壮成年男子的体重之和,百米奔跑速度可达4.43秒——远快于人类百米短跑世界纪录,似疾风,一闪而过。再加上老虎那厚重浓密的皮毛和强大的肌肉,完全可以无视人类的徒手攻击。由此看来,细皮嫩肉的人类,在老虎面前就跟一块豆腐似的,任由宰割。赤手空拳的人类想要和老虎肉搏,简直是天方夜谭。放眼《水浒传》中的那只吊睛白额大虫,一夜间,便夺了二三十条大汉的性命,令阳谷县的村民和官府日日提心吊胆,寝食难安。往来客人,也需白日结伙过冈,到了晚间,人人彻夜难眠,风声鹤唳、草木皆兵,生怕被大虫夺了性命,只盼东方红日能早早升起。

可武松却偏偏不走寻常路,孤饮十八碗酒,不听酒保"山中有伤人猛虎"的苦心劝诫,于日暮黄昏之时,执意孤身上冈。"忽闻一声霹雳响,山腰飞出兽中王",猛虎好汉四目相对,暗地较劲,杀气腾腾。"虎来扑人似山倒,人去迎虎如岩倾",人兽相敌,不分上下,惊天动地,气壮山河。"拳头脚尖如雨点,淋漓两手鲜血染",武松尽平昔神威,仗胸中武艺,提起拳头,只顾打,不一会儿便把大虫打作一堆,长夜噩梦化为青烟。喜从天降,乡里人听闻,笑逐颜开,连忙杀鸡宰羊,通宵庆贺。武松的孤勇为阳谷县的百姓除一大害,百姓无须再忌惮黑夜中的大虫。

时光流逝,武松守护的正义感一脉相承,并被发扬光大。还记得2022年4月,疫情的洪流席卷到了我们这座小小的潮城。一夜之间,整座城仿佛被按下了暂停键。学校停课了,工厂停工了,原本川流不息的街道变得空空荡荡的,偶尔有一辆载着隔离人员的大巴车驶过,鸦雀无声。封控区、管控区、防控区也相继出现,阵阵灰意笼罩在人们心头。可就在这危急关头,一批又一批的医护工作者站了出来,他们之中还有从海盐、平湖等地赶来支援的医护人员。他们含泪撇下还在梦乡中的孩子,趁月明星稀,披上战袍,奔赴前线。他们用自己的身躯,筑成了潮乡人民与病毒间的最后一道防线。挨家挨户地上门做核酸,在集中隔离点筛查,不分昼夜地救治病人……他们用自己的实际行动,践行着"医者仁心"的天命。每当瞧见他们那单薄而又坚定的白色身影伫立在风中时,我的心中总会激荡起一股暖流,觉得有了着落,有了依靠。不仅如此,还有许许多多的志愿者们在默默坚守,不惜将自己置于危险之中。他们没日没夜地工作着,任凭汗水浸透衣衫,任凭口罩在原本俊秀的面庞上印下伤痕。可我们却认为,这是世上最美的容颜。他们守护的不仅是山河的无恙,家国的安康,更是潮城人民那颗炽热的心。正是白衣天使和志愿者们的孤勇,让病毒望而生畏,使灰意倏地散去,久违的阳光再次普照了潮乡大地。

你可曾知晓,在火灾发生时,人人往外逃,而消防员偏偏往火里冲,他们不惧火势的凶险,不畏熏人的烟雾,争分夺秒,只求能多拯救一个生命。喀喇昆仑高原上,面对外军的不断挑衅,誓死捍卫国家每一寸领土的边防战士,用鲜血染红了祖国的丰碑,用生命撰写着英雄的史诗。他们都和武松一样,是孤勇逆行、为民谋福的"打虎"英雄。

而今,"武松打虎"所寄托的不单单是勇猛无惧,更寄托着一种战胜一切困难的精神力量。点亮人民的心灯,照亮无尽的黑夜,需要一种"明知山有虎,偏向虎山行"的孤勇气概。愿你我一同携手,传承"打虎"精神,发扬"孤勇"气概,争做新时代的"打虎少年郎"!

点石成金

　　本篇文章构思精巧,作者以经典的文案走进经典名著《水浒传》,用"孤勇"串联起两者,引出所写主人公——"孤勇者"武松。所写角度独特,立意深刻,小作者立足于名著本身内容的阅读,又能不拘泥于其中,由文本中的一个"孤勇者"走向社会生活中各个层面不同的"孤勇者",既拓宽了名著阅读本身的广度,又能体现其深度。

这就是中国人的爱

——读《艾青诗选》有感

◆学校:海盐县博才中学　◆作者:田源　◆指导老师:曹红梅

"为什么我的眼里常含泪水?因为我对这土地爱得深沉。"很多人通过这句对国家最真诚、最伤感的呼唤了解了诗人艾青,喜欢上了《艾青诗选》。这个暑假,我也被《艾青诗选》深深吸引。这本诗集收录了艾青在革命期间写下的忧国忧民的诗篇,情感饱满,语言真实,展现了一位爱国诗人对国家、对人民最真挚的爱。

最吸引我的是那篇《我爱这土地》。"暴风雨所打击着的土地""无止息地吹刮着的激怒的风""悲愤的河流"诉说着自己祖国的遭遇,魂牵梦萦的土地已被侵略者蹂躏得伤痕累累。但中国人民决不会就此放弃。"河流""风"就像中国人民不屈不挠的精神;"悲愤""激怒"表现出对侵略暴行的无比愤怒,激发昂扬的战斗精神;"黎明"象征着充满生机和希望的解放区;"无比温柔"则展现了人民生活的土地重新焕发勃勃生机。诗中蕴含的强烈感情,就是中华儿女对祖国母亲最真挚的爱。这份真挚的爱融入民族血脉,强健中华筋骨,涵养民族品格,滋润英雄儿女。

读着读着,一个个镜头、一幅幅画面浮现在我眼前:

"我们的身后就是祖国。为了祖国人民的和平,我们不能后退一步!"——这是志愿军战士的爱!"人在阵地在!"在仅剩他和两名伤员时,杨根思抱着炸药包纵身冲向敌群,与敌人同归于尽。"勇士和阵地同在,英雄和日月同辉",长津湖战役中,一百多位战士被冻死在阵地上,他们面向敌人的方向,个个手握钢枪,注视前方,仿佛随时冲锋向前!"冰雕连"成为一座精神丰碑,永远被载入军史!

"老祖宗留下来的领土一寸也不能丢,别人的东西我们一分一毫也不要。"——这是喀喇昆仑山守边战士的爱!面对数倍于己的入侵者,我们的战士奋起抵抗，最终四名英雄光荣牺牲，他们用勇气和生命保卫了祖国领土的完整。全国人民深深记住了英雄团长祁发宝，营长陈红军，战士陈祥榕、肖思远、王焯冉，以及陈祥榕的那句遗言"清澈的爱，只为中国"。

"这是我们的家呀！"——这是重庆摩托少年的爱！面对凶猛的缙云山山火，冲在一线的是消防员、武警官兵、解放军、医护人员，他们身后是志愿者自发组成的坚实后盾——其中还有一群插着五星红旗送物资的"摩托崽儿"，他们平日里是"炸街"的摩托少年，此刻却背着竹筐，一趟一趟冲上灭火前线。正是这种众志成城的守护，让本来没有光亮的地方有了耀眼光芒，让本来没有路的地方有了宽敞的大路，点点微光汇聚成这个夏天最温暖的画卷。

"今天，我们站在天安门广场，紧贴着祖国的心房！"——这是新时代青年的爱！是对祖国母亲最甜蜜的呢喃，让人精神振奋。我也曾站在天安门广场，紧贴祖国的心房；曾走过碧绿的呼伦贝尔大草原；曾爬过"一览众山小"的泰山；曾去过寒风凛冽的雪乡——每个地方都有着最美的风景、最淳朴的人民、最深沉的民族精神。我也热爱着祖国的山山水水，我也热爱着祖国的每一寸土地！

当我合上《艾青诗选》，我的心中仿佛有一股热浪在汩汩升起。我知道，这股热浪已经转化成了爱国情、报国志；我知道我要在成长的道路上不断汲取力量，磨炼意志，砥砺品格，在实现中华民族伟大复兴的道路上奋勇向前，成就最好的自我。

这就是中国人的爱！——"为什么我的眼里常含泪水？因为我对这土地爱得深沉。"

点石成金

为什么小作者能写出如此激情洋溢的读后感？因为他对这土地爱得深沉。小作者以灵动的文笔，深刻的思考，从《艾青诗选》出发，把我们带入到一段段充满炽热爱国情怀的感人事迹中，无论时空多么久远，对祖国的爱镌刻在每一代人的心中，也必将镌刻在每一个后来者心中！

信仰是人类永恒的精神支柱
——读《红星照耀中国》有感

◆学校:海盐县百步中学　◆作者:徐如亦　◆指导老师:蔡红燕

拨开历史的云烟,我们回到20世纪前期,此时的中国战火纷飞,而对于外界的人来说中国是充满迷雾的,毕竟国内消息封锁,根本无法传到国外。外界的声音各式各样,但大多都带有质疑,以及猜测,却没有确凿的证据,而此时来自美国的记者埃德加·斯诺怀着对中国革命与战争的疑问,孤身一人带着为数不多的行李来到这被人刻意曲解,遭到铜墙铁壁般封锁的革命战略基地,写下了《红星照耀中国》。

翻开这本书,可以看到当时的中国,内忧外患,侵略者肆意地践踏以及掠夺着土地,敌人像没有人性的怪物将刀刺向人民,整个中国处于水深火热之中,就在中国即将面临灭亡之时,在毛泽东领导下的中国共产党开始挽救局面,中国工农红军突破敌方多次袭击以及包围,摆脱险境,四渡赤水河、勇夺泸定桥、飞渡金沙江……而二万五千里的长征更是让人无法再小看这支队伍。

在作者的笔下,我仿佛又回到那个硝烟弥漫的时代,听到小朋友被战火吓到的哭声,见到炮火四起的战场,看到许多革命烈士在小桌子前点着蜡烛商讨着第二天的战事,他们为了国家、为了人民毫不畏惧上前线杀敌,不惜付出自己的生命……他们坚持这样做就是为了让现在的我们可以不用再忍受他们的痛苦。

这是一本拥有浓厚红色气息的书,它没有华丽的语言,却向人们表述了那时最真实的中国。它让我们明白现在的一切快乐自由的生活来之不易,这都是每一位革命烈士用自己的生命换来的幸福。如果可以,我想拥有一台时光穿梭机回到那时候,告诉革命烈士们我来自2022年,现在的生活已经好起来了,寻常百姓也可以顿顿吃肉了，我们还全面建成了小康社会。我们今年在北京召开了冬奥会，有许许多多其他国家的人来参加，我们国家已不是别人随随便便就可以欺负的了。他们那时的坚持没有错，他们的牺牲没有白付出，现在的国家已经越来越好了。我想，他们看到现在的中国应该会很开心，他们所有的付出都没有白费。

当年的硝烟早已散去，以前满目疮痍的土地早已建起高楼大厦。革命烈士虽然沉睡在了土地之中，但他们永远活在我们心中，他们的品质将被所有人铭记在心。我不禁想起臧克家先生的一句话——"有的人死了，他还活着"，他们的精神，他们的坚持，令我永远记得他们。新时代的我们，也要竭尽所能，好好学习，报效祖国，让祖国变得越来越强大，让自己也可以像革命烈士那样被世人所记住。

点石成金

《红星照耀中国》从多个方面展示了中国共产党为民族解放而做出的牺牲与奉献，同时也瓦解了当时的种种谣言。本文以穿越的形式为我们再现了当时中国一幕幕动人场景，排比的运用使得情感层层加深，同时作者又以穿越者的身份将祖国的光明未来告诉革命战士。文章结尾又回到现代，作者发出学习强国的号召，呼吁新时代的我们付出自己的行动，积极投身于祖国的美好建设中。

舍小我　顾大局

——读《红星照耀中国》有感

◆学校:海宁市第一初级中学　◆作者:李馨　◆指导老师:苏红元

"以史为镜,可以知兴替。"中华上下五千年的历史悠长深邃,常常引人深思:什么是红军? 中国共产党成立的初衷是什么? 国共之间存在哪些矛盾? ……一个个有关中国历史的问题从我脑海中蹿出。翻开《红星照耀中国》一书,我似乎有了对这些问题的解答。

《红星照耀中国》又名《西行漫记》,是美国记者埃德加·斯诺为寻求红色中国的真相,于1936年冒着生命危险踏入红色苏区后创作的。斯诺笔下,一幅20世纪时处于动荡年代的中国共产党员们为追求民族独立与民主而不懈奋斗的画卷慢慢呈现。斯诺采用叙述、日记、采访等多种形式,描绘了苏区革命军的生活与战斗、红军的长征、红色区域内老百姓的故事,刻画了彪炳史册的毛泽东、朱德、周恩来、彭德怀等领导人物,经验丰富、忠心追随的红军战士和"红小鬼"们,他们信念坚定、积极乐观、勇敢无畏、团结一致、舍己为人,如红星一般闪闪发光,照亮了红色中国产生、发展、壮大的道路。

众多精彩纷呈的章节中,我印象最深刻的便是第四章"一个共产党员的来历",这个共产党员便是毛泽东同志。本章以采访的形式讲述了毛泽东从幼年读书看报产生报国想法,到前往长沙参加革命军,再到参加中国共产党成立大会、帮助组织工人运动,而后建立起工农革命第一军,建立苏维埃……而在叙述的过程中,毛泽东却鲜少提起自己的私人事情。因为他认为个人是无关紧要的,他和共产党员们所共同经历的事才使他记忆犹新。在其他章节中,作者采访徐海东、朱德时,他们也"只喜欢讲战争,而不大喜欢讲身世",在其他千千万万的共产党人身上都能看到这种可贵的品质——舍小我,顾大局。

这种精神一直在延续,华坪女子高级中学的校长张桂梅就是如此。她原在大理白族自治州喜洲一中任教,丈夫去世后自愿要求调到丽江市华坪县中心学校。看到山区贫困家庭的孩子们渴望知识却无法上学,张桂梅自己节衣缩食,捐钱建立了华坪女子高级中学——中国唯一一所免费女高,专门供贫苦家庭的女孩读书,帮助她们走出大山,考上大学,拥有完全不一样的人生。

尽管张桂梅老师身患十余种疾病,身体状况越来越差,连早晨起床都十分困难,但一得知某同学辍学回家了,她便拖着羸弱的身体前往学生家中,进行思想教育,苦口婆心劝说这个学生返校继续上学。她不忍心看到任何一名学生辍学,因为她知道这一辍学或许就改变了这个女孩的命运。为了教育事业,为了大山里孩子的前途,她日日辛勤付出,不也是舍小我、顾大局吗?

疫情当前,钟南山不顾个人安危逆行前往武汉,张定宇身患重疾坚守医院抢救病人,都让我们动容。2022年上半年,我们海宁突发疫情,整个城市按下了暂停键。市民们都安静待在家里,尽管不能欣赏春天的鸟语花香,漫步于花草之中,但我们都没有抱怨,而是每天关注新闻,了解时事。更有很多医务人员、警察、志愿者等舍小家、顾大家,他们有的十几天不曾回家,连续作战,累了就在墙边靠一下,饿了就吃几口快餐,为的就是让疫情早日散去,街道可以恢复往常的热闹,人们可以过上正常的生活。这也正是舍小我、顾大局的体现。但2022年8月义乌疫情暴发,我在新闻上看到有些人不听从劝阻,私自外出,甚至聚集搓麻将,这些都是只顾个人私利、不顾社会安全的错误行为,与舍小我、顾大局的品质背道而驰。

我们每个人都是普通而又渺小的个体,但我们可以以己之力,为家庭为社会为祖国做出贡献。我们要像书中的共产党人一样,面对个人利益与国家利益的冲突时,能以大局为重,舍小我,顾大局,使社会更和谐,国家更昌盛。

点石成金

本文立意深刻,从《红星照耀中国》到社会人物,再回归个体,可以看到小作者的深切感悟和收获。结尾恰到好处地点明中心,语言朴实而含义深刻,耐人寻味。

于极土处，溯源寻根

——读《乡土中国》有感

◆学校:浙江省桐乡市高级中学　◆作者:施祎歆　◆指导老师:赵舒悦

读《乡土中国》，观费孝通以简练之语深刻剖析中国基层社会面貌，在对于这片土地的深情中扎根泥土，脚踏实地，怀一颗赤诚务实之心，摒弃华而不实，深潜泥土本质。余深受触动，特发此"土"之薄见，聊以抒发内心之情。

"坤包容，厚德载物之气量"，坤即土，土以其博大广袤包容世间万物，可我们却时常将过时的、腐朽的、消极的事物称作"土性"，缘何至此？窃以为，吾辈惟于极土处溯源寻根，方可正"土性"之名，培根铸魂。

何为"土性"？土性是农耕文明下人与土地相互依存的紧密关系，是老农"春种一粒粟，秋收万颗子"之喜悦；是茅盾"漫长的岁月和迢迢千里的远隔，从未遮断我的乡思"之故土情结；是赵一曼"未惜头颅新故国，甘将热血沃中华"之文化情怀。

时代恢宏，世事更迭。然随着科学技术的日新月异，工业水平的突飞猛进，城市与农村拉开了差距，"土性"竟成了落后的代名词，此非不辨美丑，不分轩轾邪？当城里人叫嚣着嘲笑乡下人的"土"，当农村人想斩断"土根"去拥抱所谓的繁华时，他们也斩断了自己的民族之根。

土性是民生之源，万物之本。种地是农民最普遍的谋生之法，是千百年来先祖们日复一日之劳作。流光一瞬，华表千年，如今我们依旧做着一样的事情。泅渡于历史的长河，袁老先生因欠下一碗饭终生做着禾下乘凉梦，用一稻济事，赢万家粮足；国家坚守十八亿亩耕地红线，保障广大人民自己的口粮……由是观之，土乃吾辈之本哉！

土性是故土之思,婵娟之共。故乡的泥土会唤起人的记忆情感。远行的游子,人在他乡,经历了春秋代序,斗转星移,看惯了霜沾林木,北雁南飞,遭际了江湖秋水,人际况味,于是写下"好家难舍,熟地而离,树高千尺,落叶归根"。由斯可窥土性蕴含着何其丰厚之思乡之情。

土性是文化之根,民族之魂。麦麦金黄的土地里,沾濡着民族荟萃的氤氲精气,遗留着历代文人墨客熠熠生辉的文字瑰宝。纵然异域文化有其繁花新奇,但我们绝不可迷失其中。木心言:"唯一能做的是长途跋涉后的返璞归真。"吾甚许之。在脚踏麻鞋,丈量完自己所欣赏的山河后,我们应以土性溯源探本,培根铸魂,又以土性博采众长,雅韵出新。"美人之美,各美其美,美美与共",吾辈应沿袭"苟日新,日日新"之箴言,将土性融入文明进步的潮流,不让期许退化为桎梏。

作文载道,言以铭志。我们如同一只只纸鸢,被名为土性的线所牵连,我们所有的振翅高飞,皆是为了报其养润之恩。土性之上,是万家灯火,是喧嚣人间,但绝不粗鄙难言。"国家之魂,文以化之,文以铸之",是习主席对我们的谆谆教诲。

吾辈应于极土处,溯源寻根,让土性固若金汤地躺在自己心房,只待岁月静好。

点石成金

《乡土中国》是费孝通先生深刻剖析中国基层社会面貌的著作,本文作者以"土性"为切入口,层层深入地阐述了自己对"土性"高度与深度的理解,表明了土性是"民生之源""故土之思""文化之根",文末更是用"让土性固若金汤地躺在自己心房,只待岁月静好"表明自己的观点和对世人的呼吁,文虽短而意深远。

我想看见每一个人
——读《皮囊》有感

◆学校:浙江省桐乡市高级中学　◆作者:宋褚垚　◆指导老师:刘佳

> 我们的生命本来多轻盈,都是被这肉体和各种欲望的污浊给拖住。
>
> ——题记

第一次了解到蔡崇达是看了《残疾》一文。我想,他的文字就是宁静海平面下的漩涡吧,我被深深吸引住了。于是我找来了《皮囊》。如韩寒所说:"好的文字往往给人两种阅读感受,一口气读完或者舍不得读完。"《皮囊》二者兼占。我第一次阅读时如失控的过山车,只想一滑到底,不舍停下片刻;第二次再看时,却是怎么都不舍得读了,得一字一句数着慢慢看,那带点血腥味的文字和生活片段,让人无法轻易释怀,字里行间是心灵深处的震荡。

其实在整本书中只有一篇文章讲的是"皮囊"——那是阿太的故事。阿太是个狠心的人,她从不在意人的肉体,不管是他人的还是自己的。白发人送黑发人,她没有哭。看见一只从菜刀下逃生,洒着血到处乱跳的鸡,她一路小跑出来,抓住它,狠狠地摔死在地上,"别让这肉体再折腾它的魂灵"。她每次切菜都很用力,有一回生生切断自己的一根手指,家人乱成一团,她却像没事人一样。

她说:"肉体是拿来用的,不是拿来伺候的。"

就算坚强如她,阿太还是会哭喊的。九十二岁的她摔了一跤,"阿太动不了了,阿太被困住了"。阿太确实被困住了,她的皮囊被摔伤所困,可她的灵魂居然也被这皮囊困住了。剖开这层皮囊,阿太的灵魂是何种模样? 是自由的,是超脱的,是哲学的,是可以完完全全独立于皮囊的,是真正的——人。她教会了蔡崇达皮囊和灵魂的区别，此刻她的灵魂却被自己的肉体禁锢，我不禁想，她会不会也告诉自己，别让这肉体再折磨灵魂了。还好顽强的阿太最后又释放了自己的灵魂，没有肉体的包袱，一身轻松。也感谢她的释怀，教会了我如何对待自己的肉与魂。

虽然只有开篇一文提及了"皮囊"，但字里行间无一处不在展露着形形色色的皮囊，剖析着形形色色的人。倔强的残疾父亲、对生活勇敢而又无助的母亲、自尊心强烈到杀死自己的天才文展、满嘴"世界"和"理想"却遭受现实沉重打击的厚朴、被小镇古制旧俗扼杀生命的张美丽……一个个皮囊跃然纸上，我可以在文字里看到裹挟着咸味的海风吹过每一具皮囊，夕阳在海水的微波中闪着细碎的光。皮囊之下，我看到了以父亲为中心的中国式家族，看到了最底层人民生命的韧劲，看到了面对生与死的人性最初的一面。

"人生或许就是一具皮囊打包携带着一颗心的羁旅。心醒着的时候，就把皮囊从内部照亮。荒野中就有了许多灯笼，灯和灯由此辨认，心和心、人与人由此辨认。"皮囊是有心的，有心的皮囊才能称作人。每一具皮囊都不尽相同，这是一种幸运；每一颗心却又是相通的，这也是一种幸运。

在这不同与相通之间，我想看见每一个人，看见他们的外在，更透视他们的内里。或许我一天可以遇见一百个人，但可能只有十个人可以叫作真正的人。"我想看见每一个人"并不意味着探究每个人的隐私，只是我想看见每一个人人性的部分，以心照应彼此，温暖彼此。我想，这就是蔡崇达与《皮囊》最想要告诉我的。

在看见每一个人之前，人得先学会看见自己。人只有真正地认识自己了，才明白自己最想要的是什么，最恐惧的是什么，才明白自己是与众不同却又是芸芸众生的一员。"我期许自己要活得更真实也更诚实，要更接受甚至喜欢自己身上起伏的每部分，才能更喜欢这世界。我希望自己懂得处理、欣赏各种欲求，各种人性的丑陋与美妙，找到和它们相处的最好方式。"蔡崇达看见了这样的自己。我看见的是一个忙碌而空洞的自己。

我疯狂学习，不让自己有空余时间，除了因为真实的竞争压力，还在于，我根本不敢让自己有空余的时间。一旦空下来，我就要思考怎么去填充时间，怎么去面对生活。这样的空闲让我窒息，就好像忙碌才是正常的，忙碌才意味着有价值，忙碌才能让自己有存在感。这是我的生活一直惴惴不安的缘由。感谢蔡崇达与《皮囊》，让我有勇气揭开这层脆如蛋壳却又无法突破的壁垒，也让我有信心去面对眼前的迷雾。

我想看见每一个人,也想成为一个真正的人。

点石成金

　　蔡崇达的《皮囊》是一部散文集,本文作者在阅读后以"我想看见每一个人"为题提出了自己的阅读心得,把对作品的深刻理解和自己的生活学习感悟融为一体,既阐述了对作品中人生、人性的看法,也表明了对自我人生的理解与认识,有评论,有抒情。作品语言细腻而朴实,自然而深刻。

以吾辈之名，书先人之志
——读《抗美援朝战争史》等有感

◆ 学校：嘉兴市第一中学　　◆ 作者：朱晴雨　　◆ 指导老师：王丰敏

历史是一条长河，一代又一代的人们做桨泛舟，他们且行且歌，最终化为河面上那粼粼的波光。歌声穿过高山与海洋，穿过城市与旷野，穿过光阴，化为文字，被世人所铭记。

历史是一堆灰烬，而灰烬的深处有余温。

翻开《抗美援朝战争史》，我们来到了素白的天地。

"距离发起攻击还有多久？"他艰难地从嘴中吐出几个字，彻骨的寒意已经侵占了他全身每一个毛孔，拿着枪的手早已冻得没有知觉。"还有四个小时。"身边的战友答道。他点点头，转头笑着说："等把老美彻底赶跑，咱兄弟几个一定好好喝几杯。""嗯……"战友的声音显得有气无力的，他微微叹了口气，重新注视着眼前茫茫的雪原，那是敌人即将到来的方向，是他们拼死也要守护的土地。时间一分一秒地流逝，他抖了抖盖在身上的厚厚的雪，再次开口问道："快到了吧？"可回答他的只有北国凛冽的寒风，身旁的战友已然停止了呼吸。他的鼻尖泛起猛烈的酸涩，泪水瞬间溢满了整个眼眶。与此同时，远处骤然响起一阵急促而又嘹亮的号声，那是发起进攻的冲锋号。他猛地起身，与剩下的数千名战士一起，奔向属于他们的归宿和使命，他的眼泪飘散在风中，冲锋号的号声回响在天地间，那是对忠魂的歌颂，那是胜利而悲壮的凯歌。

他是谁？他是抗美援朝战争中的一名战士。倘若盛世将倾，深渊在侧，我辈定当万死不辞！

翻开《移步不换形》，我们来到了一个悲壮的时代。

"海岛冰轮初转腾,见玉兔,玉兔又早东升……"如往常一般,他站在书房的窗前,对着浓重的夜色唱上几句,夏日的小虫都是他的观众。他摸了摸日渐浓密的胡须,看了看自己故作邋遢的穿着,却暗自松了口气。作为旦角,蓄须便等于宣告不再登台,但京剧就是他的命,不能演出,不能创作,对他来说生不如死。积聚在内心的对唱戏的渴望,就像是被挡在堤坝后的滚滚洪流,澎湃激荡,却又无法冲破阻隔,奔腾万里。可这能让日本人打消逼他登台的念头,能为苦难的中国人民送去一丝慰藉,就都是值得的。他要等,等到抗战胜利的那一天,带着崭新的头面重回他深爱的舞台,他要为同胞唱响最美的戏曲。情到深处,他握紧了拳,清丽却铿锵的曲子再次从他口中流出:"挽绣甲跨征鞍整顿乾坤。辕门外层层甲士列成阵……"

他是谁? 他是一代京剧大师梅兰芳。蓄须明志,戏子深情,吾已亭亭,无忧亦无惧。

翻开《钱学森传》,我们来到了一个波澜壮阔的年代。

"那些人走了吗?"他看着紧张的妻子,忍不住发问道。"走得差不多了,你继续忙你的吧,我盯着呢。"妻子朝他一笑,仍然掩盖不住深深的忐忑与不安。他停下手中的笔,起身拉住妻子的手,将她带到黑色的大三角钢琴前,那是他送给她的新婚礼物。在被软禁的日子里,妻子每天都会为他奏响《英雄交响曲》,澎湃的乐曲总能抚慰两人的心。"今天我想换首曲子。"妻子的素手抚上黑白的琴键,动听的歌曲在小屋中响起:"五星红旗迎风飘扬,胜利歌声多么响亮……"悠扬的旋律倾泻而出,在他的心中流淌,他不禁热泪盈眶。在被限制行动的这些日子里,他从未有一刻停止过对祖国的思念,他多么想回到魂牵梦萦的故土,奉献自己的一身才干。他与妻子相视一笑,又转身投入到了研究当中,有佳人在侧,有歌曲相伴,有信仰可依,他还是幸福的。

他是谁? 他是中国著名科学家钱学森。五年归国路,十年两弹成,大千宇宙,浩瀚长空,全纳入赤子心胸。

而如今,我们书写着属于自己的新篇章。

"请出示您的健康码……谢谢您的配合!"他向来往的人们露出微笑。成为志愿者以来,他早已习惯每天重复枯燥的工作。也许在旁人看来这很无趣,但他乐在其中,能为抗击疫情做出这点小小的贡献,他感到很幸福。每天看着那么多的同胞遭受苦难,那么多的医护人员奔赴前线,他是心有余而力不足。手表的指针指向上午十点,防空警笛响彻云霄。他猛然惊觉今天是清明节,也是全国哀悼日。

一时间，四下无言，行色匆匆的人们停下了脚步，一齐望向远方，对在疫情中死去的人们致以最深切的悼念。这是一曲悲壮的挽歌，奏响在每个人心中，唱出生命的脆弱，也唱出生命的伟大。一路走好，今后由我们来守护这个国家。他默默地想着，眼中闪烁出坚定的光芒。

他是谁？他是为抗击疫情做出贡献的年轻的志愿者。他可以是我们每一个人，每一个想要给这个时代留下点什么的人。郁达夫曾经说过"一个没有英雄的民族是不幸的，一个有英雄却不知敬重爱惜的民族是不可救药的"，生活在当下的我们，没有经历过惨烈的长津湖战役，我们不是梅兰芳，不是钱学森，我们没有英雄的称号，却可以有成为英雄的志向。这是属于我们的篇章，是属于这个时代的篇章。

历史是一堆灰烬，而灰烬的深处有余温。

所谓文化，所谓精神，所谓先人之志，便是那灰烬中的点点火光。而吾辈之任，是用我们的力量扬起大风，使之燎原，使之成书，使之经久不熄。

点石成金

行文新颖，结构独特，本文作者以《抗美援朝战争史》读后感为切入点，分别引出了《移步不换形》《钱学森传》两部作品的读后感，从一位普通的抗美援朝战士的事迹，写到京剧名家梅兰芳和科学家钱学森的不同的人生壮举，最后写到抗疫故事中的普通志愿者，由历史到现实，由英雄到当下的普通民众，从英雄的事迹到英雄的志向，最后完整结篇："所谓先人之志，便是那灰烬中的点点火光。而吾辈之任，是用我们的力量扬起大风，使之燎原，使之成书，使之经久不熄。"深化文章的主题。

我是否能走出泥沼

——读《挪威的森林》有感

◆学校:浙江海盐元济高级中学　◆作者:刘一　◆指导老师:顾颖燕

> 哪里会有人喜欢孤独,不过是不喜欢失望。
>
> ——题记

我一次次在周日的午后翻看《挪威的森林》,就像渡边在周日洗衣服、熨衣服一样寻常。他常常让我想起进退两难的社会泥沼——每迈一步都几乎让整只鞋陷入那般滞重而深远的泥沼。而我在这片泥沼中气喘吁吁地挪动脚步,前方一无所见,后方渺无来者。

人生如同一阵波涛汹涌而过,风浪过后,也只剩几滴眼泪罢了。

社会如同一潭泥沼,有的人挣扎着出来了,有的人挣扎着陷落了。每个人都本能地逃离这个噩耗交织的社会。

在这本常被人认为描写"性"的书里,我看到了不同的内容、不同的世界观、不同的生活态度。我找到了另一个悲观世界里的自己——绿子。初读时并不惊奇,但随着故事的推进,我终于发现,绿子与我重合了。

她天真烂漫,却又成熟稳重,"无非是个普普通通的可爱女孩……全身迸发出无限活力和蓬勃生机……眸子宛如独立的生命体那样快活地转动不已"。不管是不是曾经说过要抱着大熊玩具从长满三叶草的山坡上滚下来,或是在午后阳台上一起看火灾然后莫名其妙地献出初吻,又或是在一个雨天相拥无言;也不管是不是因为敲不开另一个人的心门而感到渺小,然后独自离开,我都好像在重复着绿子的命运,在社会关系的泥沼里摸爬滚打,磕磕碰碰,重塑一个看似一尘不染的灵魂。

我有绿子那样的奇幻想象，因为我曾对世界、世界上的人抱以如此高的期盼和信任，我想一切都会安稳而和谐。但是现实一次次泼我冷水，告诉我停止想象，接受挑战，所以我才会有"在阳台上看火灾"的勇气。或许这不需要勇气，而需要坦荡地接受那些无法改变的事情，任凭我怎样努力都无济于事。绿子如此寂寞，却能活得像绚烂烟火。有时我也如此，撑扁舟破浪，乱发当空，即使树敌如林，世人皆欲杀，不如放一壶酒在秋千下，看街上行人来往，而我自做太阳。我有一壶酒，可以慰风尘，在十一点的夜空中，白鸽衔走一根枯木，杂乱无章的天空下有大片的麦田，那时我一定不会孤独，也不会失望。说来容易，可真当遇到这样的处境，又有多少人能像绿子一样，看得通透呢？这就是社会，一个让人欲罢不能却又无法改变的社会。

我像绿子一样，咚咚敲开一个人的心门，却又独自深味那种失落。或许所有失意的人都这样，也都能在《挪威的森林》中发现一个人的鲜活可以感动另一个无动于衷的人，一个人的死亡可以埋葬一段恩怨情仇，或许可以吧。人们总是想在与某一个人的相处中，找到舒适的生活姿态，认为那样是最完美的状态。我在切身感受绿子的经历中送走了我的十五岁，同时为了避免陷入深渊，我重复着无休止的圆周式思考。后来认为，我大好的青春时代，不能让凡事都围绕失望和痛苦为轴心旋转不休，我不能在无休止的精神内耗和自我感动中虚度年华。

我们生活着，生存着，在冷酷的世界里苟延残喘，我被一次次的失败击垮，感到无助无力，或许永远好不起来，或许在下一个周日的午后就能忘记苦痛的一切，迎来崭新的生活。这是一本关于成长和救赎的书，成长过程中有人被淘汰，而有人一直向前，正如绿子。或许她先天并不完美，也有许多难以启齿的过往，但是她从未失去好好生活的信心和热情，她接受新事物，洗涤思想。在救赎他人、被他人救赎或是自我救赎时，我们也许会不知不觉地领悟，为什么来到这个世界，为什么要与他人建立联系，生与死是否对立。我会在酒红色的泥土里翻找浪漫的渣滓，划破手指滴下的鲜血将溶于东去的洪流，我从未留恋鲜红的挣扎，只是努力拼凑一个可以安放灵魂的瓶。

同时这也是一本关于等待的书，等待对方说出"我爱你"，等待他长大，等待不公平的待遇有一个公正的结果。人们习惯了等待，却很少自己争取，也许知道争取只是徒劳，所以选择了后退。我也习惯了等待，等一件事，或许是一个结果，来给自己长期以来的努力，画上圆满的句号。快乐不再是任由自己做主的招之即来的东西,相反,人生快乐与否,常常取决于各种无法预知的等待。

时代的浪潮澎湃而汹涌,远远地跑在人前,飞驰的旋律,难免会遗漏一些美丽的音符。比如渡边和绿子在雨夜相拥,比如与直子在林间漫步,聊起过往,聊到如今,发现你我如何成长,风铃如何作响,岁月如何变迁……人世间浪漫的表白,不是只有"我爱你",还有"我等你"。

"我扬起脸,望着北海上空阴沉沉的云层,浮想联翩。我想起自己在过去的人生旅途中失却的许多东西——蹉跎的岁月,死去或离去的人们,无可追回的懊悔。"

世上果然有各种各样的希望,人生的目的也各不相同。但是我相信,若我去到那个时代,我可以用满腔热情和一身浪漫,走出泥沼,然后撒上玫瑰花瓣,让香味飘入今夜的梦。

点石成金

文章以一个问句为题,表明了作者不同于旁人的对《挪威的森林》的阅读体会,写出了一个与小说人物绿子重合的自我。笔触细腻,结合绿子的人生叙写了自己青春期的苦闷与烦恼,虽然题目是个问句,但文章结尾处作者还是给了自己答案:"但是我相信,若我去到那个时代,我可以用满腔热情和一身浪漫,走出泥沼,然后撒上玫瑰花瓣,让香味飘入今夜的梦。"以题目吸引了读者,以结尾鼓舞了读者。

追寻欲望的旷远寂光

——由《金阁寺》窥探三岛的精神远方

◆学校:嘉善中学　◆作者:付庭恺　◆指导老师:沈丹

　　沟口是一位结巴的少年,父亲临终前将他送去金阁寺,并教他将金阁寺作为美的标准。成为僧人的时日,他结识了鹤川和柏木。在截然不同的价值观的碰撞中,沟口做出了一个决定,烧毁金阁,而他也想随着金阁的毁灭,一并远去。但是整篇故事竟然在最后发生了转变。

　　他说,他要活下去。

　　回溯最初,结巴是沟口最重要的特征,他因结巴而寡言,因寡言而深沉。他无权生活在阳光之下。但是他却来到了金阁。如果说世界是由语言秩序所构成,那么他的失语便是一种天然的遗弃。在沟口成长的过程中,结巴最终所带来的并非是持续的自卑,而是来自一种反抗的骄傲。他极端的自卑和孤独在金阁的美面前显得格外渺小却又格外显眼。一方面阴暗的性格造就他与生俱来的破坏性,而金阁的熏陶则让他拥有追求美的极致的冲动。

　　"不被人理解已经成为我唯一的自豪。所以,我也不会产生要让自己的表现被理解的冲动。我觉得命运没有赋予我任何能醒人耳目的东西。于是我的孤独越发膨胀,简直就像一头猪。"

　　沟口少年时崇拜的一位学长,肤色黝黑,脸上赫然有着三道短刀划出的印痕,无疑的英雄气概。他羡慕之余,却刻意不仰望学长,他在象征学长的美的短剑上,深深地刻下三道可怖的划印:将崇高丑化,这是毁灭的骄傲。暗恋的对象有为子在私通情人时被沟口撞见,沟口深深诅咒他们,后来有为子被迫背叛情人,他在最后看有为子的眼睛时,望见的是突然暴露于本不属于自己世界的横断面上画出来的美丽木纹。他在沐浴着不该沐浴的风和水时,实实在在地望见了美的幻影。

美,之所以作为美,首先是基于不和谐——甚至是怨,之上。他试图去完成的,大概便是一份完美性。划坏短剑的行为动机,人称之为自私,实则却是以于完美和光鲜中揭露一点缺口为目的。只有缺憾让完美真正成为完美,正如只有背叛让爱情得以名为爱情。有为子的嘲讽、有为子的背叛、有为子的死,在他眼中单纯地幻化成了美的形状,正因其嘲讽、背叛和死亡,又与嘲讽、背叛和死亡毫无关联。

在期望与破灭、黑暗与一线光明的夹缝之中,他遇见了两个人。鹤川是光的化身,身着一尘不染的白衬衫躺在草地上的少年,说着完全不在意口吃这种事情,他曾一度成为沟口的庇护,抑或逃离。而柏木则是夜的使者,将自己与众不同的丑陋部分无限地放大,以至成为显意识里拒绝爱、潜意识里拒绝性的根源,他因对自我意识的执着而无法忽略残疾,追求短暂美而放弃长久的事物。只是鹤川离去得早,而柏木介入得太深。

他仔细观察着柏木的生活。尽管充斥着丑陋和欺骗,却让沟口望见了另一种生存的可能性,既不与世界妥协,也不对自己的残缺妥协,还能按照类似常人的方式享受生活。可就在他试图融入那样的生活,试图像柏木那样寻求短暂美的瞬间,永恒的金阁出现在他眼前了。处处被金阁之美紧密地包围,他又怎能向人生伸手呢?柏木所带来的,不过是一些短暂而丑恶的美好,以及使人陶醉和迷乱的瞬间。在金阁所化作的永恒中,那些记忆又算得了什么呢?

"金阁啊!倘使你是人世间无与伦比的美,那么请告诉我,你为什么这样美,为什么必须美?"人的生命苦短,却分明是永恒的。金阁看似是恒久的,却实实在在地可以被毁灭。金阁凭借其趾高气扬的不灭横亘在沧海一粟的人类面前。而愚昧的人类却对这样一座阻隔人生的绝对的建筑物顶礼膜拜又以之为不灭之美。它让人向往的同时却背弃人类,那不如以毁灭美的方式去创造另一种美。

在道家故事"南泉斩猫"中,南泉和尚在发现众和尚围着一只猫争论由谁来养时,拿起砍刀,杀死了猫。晚上赵州和尚进了他的房间,一言不发,将自己的鞋子放在了自己的头顶,走了出去。南泉和尚慨然道:如果你早点来,猫就不会死了啊。

这无疑是对沟口烧毁金阁的阐释。烧毁金阁是沟口一生酝酿的花开。沟口明白了美的真相,看透了世俗的冠冕,在面对桎梏和一切的遗憾时,他毅然决然地选择了毁灭。他拒绝了美,拒绝了任何一种形式的美闯入他的生活。他躺在金阁的地板上,周遭已然是熊熊的大火。他在虚无的战栗中,下定化为白骨的决心以毁灭这种美。在临死前的最后一瞬间,他却忽然醒悟过来,心想:"我要活下去。"那无疑是沟口内心中欲望的凤凰和心中的美的体现。

我们无法知道沟口之后会如何。或许受到通缉,或许要忍受一切世界的敌对。在切断生与死之间唯一的阻隔之后,他却也想有一段苟延残喘的开始,又想在何处开始超然的焚烧。但最后那时,一定会有寂光——由寂寞的个人的真理散发出的智慧的光芒。

点石成金

本文作者采用边叙边议的方法,以散文的笔触、清新的语言写出了自己阅读三岛由纪夫的《金阁寺》的深切体会。他简叙了小说主人公沟口寻求美的心路历程,深入评述了沟口的精神追求和人生向往,由此探索了作家三岛由纪夫的精神远方。最后一段表述引发读者思考,意味深长,耐人寻味。

人生至味是清欢
——读《生死疲劳》有感

◆学校:嘉善高级中学　◆作者:姚李琦　◆指导老师:李燕

　　莫言,中国第一个获得诺贝尔文学奖的作家。论说他为何能获此殊荣,莫言自己说,他们应该是读了我的《生死疲劳》这本书,才颁给我的吧。究竟这本书有何魅力? 我难免有了好奇心,不想读罢却深有感触。

　　被冤杀的地主西门闹落入地狱后不甘心就这样死去,狡猾狠心的阎王让他重入轮回,却叫他落入畜生道,为驴、为牛、为猪、为狗、为猴,直至第六世轮回才重新生而为人,却是一个带着先天不可治愈疾病的大头婴儿。这个大头婴儿蓝千岁滔滔不绝地对人讲述着他六世轮回的经历,讲述他作为牲畜时的种种奇特感受,似疯似傻。故事从西门闹转生的动物视角,讲述了地主西门闹一家与长工蓝脸一家半个多世纪生死疲劳的悲欢,同时又反映了这五十多年间,中国乡村社会曲折艰苦又庞杂喧哗的蜕变史,称得上是脑洞大开。

　　在转世之前,西门闹打翻了孟婆汤,誓要为自己洗刷冤屈,却不料睁开眼时,发现自己成了一头幼驴! 然而尽管自己沦为了畜生,他却不甘心只做一只混吃等死的畜生。为驴,他为安慰受审的白氏大闹厅堂,纵身飞出院墙,后与母驴智斗恶狼,造就传奇,成为县长的坐骑;为牛,他忠心于主人,勤于劳作,即使公社的人找茬,不让它踩到人民公社的地,否则就杀了它,它也便如通灵一般,决计不踩人民公社的土地,坚持与主人单干;为猪,一降生便与众不同,身体发育迅速,被选为种猪,会健身,会爬树,还讲卫生,与刁小三一起来到河心洲称王称霸,躲过人类屠杀的枪口,却为救落水稚童而淹死湖中……西门闹将自己的人性深存于内心,坚守本心,不堕落、不沉沦,哪怕为畜生,也要"刑天舞干戚,猛志固常在"。

在这几世牲畜轮回中,最令我动容的是忠诚勤恳的西门牛。那是一头不屈的牛,面对西门金龙的挑战,它犁地时分毫不曾踩踏公社的土地,在蓝脸的一亩三分地完成了"牛生"首次演出,让公社的人对它刮目相看。尽管后因蓝解放这位"牛犟劲"被迫入社,它却依旧不愿向暴力屈服。当一鞭一鞭的抽打让它皮开肉绽、鲜血淋漓的时候,当燃烧着的秸秆炙烤着它的时候,它都不曾挪动一丝身体。在生命的最后时刻,西门牛走出人民公社的土地,走进全中国唯一的单干户蓝脸的那一亩三分地里,如同一堵高墙,沉重地倒塌,在主人的土地中回归自己生命的尽头。它热爱着土地,同千万像蓝脸一样质朴而勤劳的劳动人民一般,植根于土地。

那也是一头充满温情的牛。当它前世的亲生儿子西门金龙为入社一事,故意找养它伴它的主人蓝解放的茬时,当它挚爱的两个孩子扭打在一起,甚至成为"仇敌"时,它用它的温情,用它最大限度的爱去制止这无谓的"战争"。它的内心是多么煎熬,它是如此的为难,它的神情,又是多么的悲伤。这样的牛,温情满满,人性满满,西门牛以它博大的爱——这深植于人性的情感——去包容,去关怀它所在乎的亲人,这样的牛,又岂能令我不动容?

除了身为动物轮回于生死疲劳的西门闹,更令我深思的,是活着的人的痛苦与悲哀。人的痛苦,究竟来源于何处?在《生死疲劳》中,生者之苦,更难于逝者。蓝脸与洪泰岳固执己见,前者坚持单干,不惜成为全中国唯一的单干户;后者坚持办人民公社,在改革开放后精神崩溃,拉着西门金龙同归于尽。两人都以一己之力与整个时代抗争,可他们的所作所为不过是因为愚蠢,看不清自己,看不清社会。他们不是风雨如晦的岁月里,以笔为武器,唤醒民智,"我以我血荐轩辕"的鲁迅;亦非生灵涂炭的战国时期,"哀民生之多艰",怒投汨罗江的屈原。他们为的仅仅是一个执念。西门金龙只因自己的父亲是一个地主,被人唾弃、嫌恶,而后一生行事便如同包裹着一腔怒火般暴躁,失去了对爱的理解。他的痛苦,来源于不满,成为纠缠他一生的嗔念,"生年不满百,长怀千岁忧"。蓝解放曾经错失了真爱之后,在有家庭的前提下抛弃家人与副县长之职,只为与小自己二十岁的庞春苗私奔。他执着于过往苦苦不放,纠结于曾经的遗憾,沉浸于错失中不可自拔,陷于情念,所以当另一份真心捧到他面前时,他便要拼命抓住,死死不放,为情所困。而其子蓝开放痴迷于庞凤凰,年纪轻轻便因感情受伤而开枪自杀,一个二十来岁的警察就此葬送了性命,源于幼稚的痴念将他困死在了他为自己圈定的牢房之中。庞抗美苦于贪念,因贪污被抓,只得在牢房之中为自己的利欲熏心赎罪。许宝本为阉人,由于自卑生出邪念,见了动物便想将其阉割,最后被西门猪一头拱死……

莫言将人的欲望尽数融入此书当中,执念、嗔念、情念、痴念、贪念、邪念,如紧紧缠绕的毒蔓,将人困死,迷失方向;如层层包围的烈火,炙烤得人不再清明,迷失本心。

读罢此书,我不禁思考:为追寻真正的快乐,让自己的人生洒满阳光,而非充斥着黑暗,究竟应如何?"挟飞仙以遨游,抱明月而长终","竹杖芒鞋轻胜马。谁怕?一蓑烟雨任平生",这是苏东坡的旷达;"不以物喜,不以己悲","宁鸣而死,不默而生",这是范文正的追求。释然喜怒悲欢,梦里一程落花流水踏雪寻梅,得到花开,往往错过流水。可花谢了还会再开,云去了依旧还在。再翻开泛着沉香的经文,不是为了礼佛,只为这个负累纠结的灵魂寻一场朝生的法事。人间生死,轮回疲劳,无休无止。然涤荡阴霾,净化尘垢,重怀"采菊东篱下,悠然见南山"的自在,让心灵的尘埃得以落定,让灵魂的枷锁得以放松,终于明白,一念放下,万般自在;终于寻见,"人生至味是清欢"。

莫言先生用他的脑洞告诉我们:生死疲劳间,放下执念,莫犯嗔念,不陷情念,不沦痴念,拒绝贪念,莫生邪念,让自己的人生,活得拥有最简单、最纯粹的快乐便好。

点石成金

《生死疲劳》是莫言的一部富有浪漫主义色彩的奇特小说,而本文作者以苏轼的名句稍作修改作为文章的题目,富有浓郁的文学与文化气息。而更有文学与文化气息的是作者在简述小说人物与故事之后的评论,以丰富的阅读储备,用了苏轼、范仲淹、陶渊明等古代文化文学名人的诗词句子作为论述的依据,且针对性强,使得论说深刻而有力,而后再以"人生至味是清欢"点题,起到画龙点睛的行文效果。

乐 孤

——读《百年孤独》有感

◆ 学校:浙江省平湖中学　　◆ 作者:俞婉嫕　　◆ 指导老师:王燕

　　这是一个发生在名叫马孔多的小镇的故事,这是一个发生在布恩迪亚家族的故事,这是一个孤独之中的故事。

　　布恩迪亚家的每个人,生命中都是浸满孤独之色的,无论是何塞·阿尔卡蒂奥·布恩迪亚的疯狂,还是奥雷里亚诺的孤寂冷漠,甚至是乌尔苏拉的看似热情大方,他们骨子里都浸透了这种孤独的气质。这是注定百年孤独的一家,是注定悲剧的一个故事。

　　但是,孤独,真的是一个贬义词吗? 抑或,孤独就是悲伤吗?

　　我不这样认为!

　　布恩迪亚家族的一朵奇葩——美人蕾梅黛丝,便是参悟孤独的一个人。她天真无邪,甚至被外人视为弱智,但她于孤独之中获得了生活之乐。正如周国平所言:"无聊者自厌,寂寞者自怜,孤独者自足。"美人蕾梅黛丝最终神话般地升天,我想,她大约是回归了自己的本质,脱离了这个搅乱她的孤独之地吧? 她生于孤独,忠于孤独,乐于孤独。她洒脱,无拘,天真,她活出了我最想要的样子。

　　但我最爱的却是那个"冷血"的阿玛兰妲。她一次次地拒绝了自己深爱之人,一次次地为深爱之人牵肠挂肚。她是于孤独之界徘徊之人,又是深陷于孤独之人。原先,对这个连亲生母亲都评价冷血之人,我有些唏嘘和为她不值,但当我见到她对于死亡的坦然,一针一线为自己绣着寿衣的时候,我不禁又为她而倾倒,直到读到她临终前喊出的那一句"阿玛兰妲·布恩迪亚,怎么来到这个世界上就怎么离去",我一发不可收地迷上了这种对生命、对孤独的坦然和潇洒,我彻底迷上了这种骨子里与生俱来的孤独的气质。

我想，这种孤寂之感，大约也是幸福的另一种写照吧？我尝试想象，一个人走在人群中，耳边满是喧哗，大约是一件很美的事。后来细想，也许每天在喧闹之处读两页书，便是孤独了，正如毛泽东闹市读书，怕不是意趣？

现在我不这么认为了。一个人内心不掺杂念，乐于孤独，那么便没有人可以打扰他的宁静。沉下心来，看着身边的一切，自娱、自乐、自足，便是孤独的真理了吧？

忽然想起李白的《月下独酌》来了，月下独饮，邀月共饮，自乐于几分乐趣了。余光中盛赞李白："绣口一吐就半个盛唐。"孰知他怎能执笔绘出半个盛唐？这在他的孤独中，在他的世界中。他的世界，必然是盛世无双，如瑶池仙宫，一人独饮，卧洛阳，醉长安。

很喜欢梭罗的《瓦尔登湖》，在瓦尔登湖，有这样一个人，他有他的世界，潇潇洒洒，无拘无束，与自然共情，与草木相依。一人的小屋，一人的小船，和满湖风波，鸟兽虫鱼。

我想，这些和《百年孤独》大约是不谋而合的。

加西亚·马尔克斯创造马孔多之时，曾说自己谢绝所有人的来访。马孔多是他的世界，一座镜中之城，一座孤独之中的，又存在于每个人心中的小城。孤独，始终是每个人心中深处的品质，享受孤独，乐于孤独，存在于心中的"马孔多"为何不能变成你的乌托邦？正如傅雷所言，"赤子孤独了，会创造一个世界"，大约就是这个道理。

我愿乐于孤独，做孤独之人，享受孤独带来的快乐。固然，孤独会使你格格不入，但是，孤独，绝不会平庸和乏味。

点石成金

文章观点明确，论述有据。作者在文中给予了"孤独"独特的意义：乐。并以李白的《月下独酌》和梭罗的《瓦尔登湖》来佐证自己对孤独的独特理解和感悟，最后明确了自己的意愿：乐于孤独，做孤独之人，享受孤独带来的快乐。与题目遥相呼应，深化了主题。

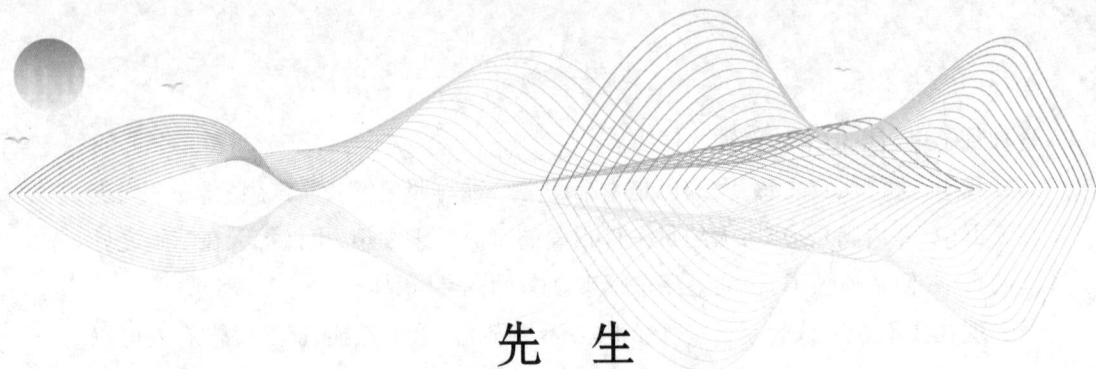

先 生

——读《这样的鲁迅》有感

◆学校:嘉善第二高级中学　◆作者:黄悦婷　◆指导老师:庞彩虹

打开《这样的鲁迅》书册,烟雨江南的墨香气迎面袭来,印象中的鲁迅先生只一张冷峻的脸,手握书卷,缓步向我走来。再合上时,我却仿佛已与他促膝而坐,像是知己知彼、多年未见的老友,正在你一言我一语地互诉衷肠。

鲁迅先生无疑是一位文学界的泰斗,身处于乱世的他却通过笔下娓娓道来的故事向人们倾诉属于他的思想。无论是明说暗讽,还是锐评柔诉,一切的一切都在表达鲁迅先生自己的态度。

小时曾有幸拜读过鲁迅先生颇为著名的作品,可毕竟那时的心智还浸泡在糖水里,稚嫩得很,也就读过且过,只知道自己是读了一位大文豪写的书,于是便去和同学们四处炫耀。可若是问我具体写了什么,估计就是支支吾吾半天答不上来。再大点,上了初中,我所接触的事物越来越广泛,理解所能达到的层面也不再如此浅显。再次读来终于是有了点自己的体会与心得。不过也仅限于此。课上学过的鲁迅先生的文章大多是批判性的,久而久之,我也就自以为是地觉得鲁迅先生的文风大致都是如此,无形中用言语刺破所有阴暗面。

直到我阅读过这样一本与鲁迅先生相关的书后,我的想法才因此而改变了。印象是刻板的,坚硬的,但在字字品味过后,鲁迅先生在我心目中的模样逐渐温和起来,不再是晦涩难懂的了。在他的有关故乡的文字中,难得一见的溪水日光,充满了孩童时期的无忧乐趣;新年时的庙游彩灯,也得以感觉到热闹喧哗的温暖。甚至于几篇随意挥洒的日常笔记,更是在字里行间溢出对时光的眷恋。

鲁迅先生其实不像我们印象中那般严肃,《这样的鲁迅》的作者在书中写道,鲁迅先生虽在当时已是赫赫有名的先生了,学生也有许多,但就是这样一位文人学士,却在平常的生活中一点一滴都颇为节俭,就连给亲朋密友写书信,信封都是用废纸自己手工做的。看来,鲁迅先生不仅朴实无华,动手能力也不错。加上他总是把自己微薄的收入的一半拿来作为积蓄,另一半就用来做一些于人于社会有益的事。还有件趣事,一日鲁迅先生在学堂办公,留的时候晚了些,回家的路总是较远的,于是在踌躇了一会儿后,最终还是决定走那条经过义冢堆的路。由于路两边杂草丛生,窸窸窣窣的声音不断在耳边回荡,一时间,一个白色的东西却忽然停住不动,且逐渐缩小了,变成了石头大小。鲁迅先生心头一惊,莫不是"鬼"吧?

对这恶鬼的来袭,是"进攻"还是"退却"呢?他在短时间内做了决定:还是冲上去,而且走到这白东西的旁边,便用硬底皮鞋踢了出去,结果那白东西"呦呵"一声站起来向草丛中逃去了。鲁迅最终不晓得这是什么东西。他后来讲到这件趣事时,笑着说:"鬼也是怕踢的,踢他一脚就变成人了。"他从此以后就少着皮鞋,改穿黑色帆布面胶鞋了。

读到这儿,我也不禁感慨道,原来鲁迅先生并非如同我们所想的那样。有人以为他好骂人,其实他也是谨言慎行的。他笔尖所落之处,所讽刺的,归根结底还是对社会的不满,无非是用另一种不易被人察觉的方式表达了出来。鲁迅先生同样也很爱书,经他校对的书,错误是少之又少。至于有人把他珍藏的书借去,弄得污损了,他也会十分悲叹。不叹书而叹那人的心的污浊。由此可见,鲁迅先生眼界之高啊!

一笔落下,一纸合上,我才得以知晓鲁迅先生不为人知的柔软的一面,无奈的一面,动情的一面。他不再是大部分人所想的那般严厉清高,而是一位悲悯却又乐观的人。看社会的角度也颇不同。他是一位学者,一位伟人,更加是一位战士。他内心的柔软带着无形的隐痛,对世间无奈却也充满了希望。落笔书写之余,鲁迅先生的一生,同样也在孤独里战斗。他无疑是值得人们敬重的。

今世日光水声所到之处,我仿佛能看见一位身着朴素长褂的先生,耐心地看着每一个向前路奔走的人,面露微笑。

点石成金

　　小作者文笔流畅，笔端流淌着对鲁迅先生的景仰之情，情感真挚，毫无做作之感。先生作品驻足自己成长的岁月，小时候读，只知皮毛，只做炫耀；初中读书本，自以为是地觉得先生作品多为批判性；后来深读先生文章，一改往日的刻板印象，先生作品渐渐不再晦涩，先生之人也变得温存了。篇幅虽不长，但却在短短的文章中写出了自己读后之思，颇有深度。

岁月情书

——读汪曾祺《人间草木》有感

◆学校:嘉兴市第一中学　◆作者:陶憬妍　◆指导老师:孙凯

在黑白的世界温柔地爱彩色,在彩色的世界里朝圣黑白。

——题记

"一定要爱着点儿什么,恰似草木对光阴的钟情。"这是汪老曾说过的一句话,于是,我想给他描述的岁月写一封情书,书不成字,纸短情长,掩于岁月。

林花谢了春红,太匆匆,汪老的文字,是极其细腻而又平淡的,平淡得如同早上迎面的一缕风,不含有一丝杂质,是对昨日温柔的谢幕,也是今日的开场。描写草木有情——"如果你来访我,我不在,请和我门外的花坐一会儿,它们很温暖"。描写美食美味——"筷子头一扎下去,吱——红油就冒出来了"。落笔故人,意蕴绵长——"那一年,花开得很迟,还好,有你"。他是中国最后一位纯粹的文人,他动情地描绘了生他养他的一方水土,在文字中,我们看到了他一生的无比绚烂归于沉寂,最终剩下的只是那位在苏北运河边上要要闹闹无忧无虑的孩童,他有时不经意地回眸,清澈的眼神,似乎诉说着黑白与彩色。

《人间草木》是汪老对旧年的缅怀,对凡事的眷恋。我私下认为,读这本书,是不可以用新书的,一定要去图书馆或者是别的什么地方借一本,有翻卷的书角,有泛黄的书页。翻开书本,这仿佛一本来自岁月的情书,让我们在这样彩色的世界里朝圣过往——那个看似黑白的世界;同样,在黑白的书卷中去摸索,窥探汪老笔下描述的那个彩色的世界。在端午的时候系五彩绳,选淡青色壳的鸭蛋,在大青山下挖着山丹丹,吃刚刚从井水里捞上来的西瓜……

有人曾经让我用一个词来概括读这本书的感触，我脱口而出便是"平淡"，太平淡了，甚至有好多次想放下这本散文集，拿起边上情节扑朔迷离、跌宕起伏的小说。但平淡到了极致，便是浓郁，花开得太盛，便是泛滥，物极必反，过于淡泊的文字细细品读居然可以品出浓郁的抒情。汪老先生曾经说他是一位"中国式的人道主义者"，而中国人有一种刻在骨子里的温良——温软善良，人是如此，文字亦是如此。何必去行色匆匆，何必去光芒四射，何必去成为别人，只求平安善良度过一生，守望相助，给灰心者做光，给失味者做盐，让软弱者挺起胸膛，让畏葸者不再彷徨。与岁月为友，与光同尘，最后归于沉寂。轰轰烈烈的人生，并不是大多数人想要的。那么，就去爱这个世界，用充分的忍耐去担当，用充分单纯的心去相信，"南甜北咸东辣西酸"，都去尝尝。这两种黑白与彩色的生活方式，都是《人间草木》所教会我们的。

汪曾祺先生曾说，黄油饼是甜的，混着的眼泪是咸的，就像人生，交织着各种复杂而美好的味道。人生百味，我们不能一一涉足，如同美，多少也要包含一些偶然。我们游于烟火，守草木之心，不去过分地追求，但也不固着于当下。给岁月以未来，而不是给未来以岁月。

我携一纸情书赠予你，以岁月为首，以写给海子之诗为尾："遥远的银河，呼应着人间的烟火，那是你教会我的，存在与生活。"

点石成金

小作者语言优美，文笔清新，仿佛是山间的一潭清水，文学功底可见非同一般。散文能读出如此的味道，对于一个高中生来说有些难度，但小作者却游刃有余，让情感自由流入笔端，感受汪曾祺先生《人间草木》的时代的温度，感受先生骨子里的温良——"温软善良，人是如此，文字亦是如此。何必去行色匆匆，何必去光芒四射，何必去成为别人，只求平安善良度过一生，守望相助，给灰心者做光，给失味者做盐"。此文越咀嚼越有味道，每一次咀嚼都有新的启悟，堪称佳作。

眺望宇宙的眼

——读《玛雅》有感

◆学校:嘉兴市第一中学　◆作者:张妍洁　◆指导老师:潘春霞

> 宇宙大爆炸发生一百五十亿年之后,给它的掌声才终于响了起来。
>
> ——题记

个人认为,《玛雅》当属乔斯坦·贾德三部曲中最浪漫也是最深刻的一部。它基于成熟的哲学理念之上,并以探寻宇宙起源及生命演化规律为终极目标,阅读者需要有一定基础的大宇宙观和生物理论知识。我绝不敢夸口说自己读懂了《玛雅》,成文只为浅谈阅读完毕后的个人理解和衍生观点。

《玛雅》以乔斯坦经典的"书中书"手法呈现,由《给薇拉的信》和《玛雅》两个"实境"组成。其中安娜这一人物无疑是读者关注的焦点,她的结局自然也为我们所关心。约翰被安娜似曾相识的容貌所吸引,将她和她的丈夫荷西安排为《给薇拉的信》的主角,在这部小说中她的结局是死亡。然而,结合《后记》中所提,我们得知安娜仍作为一名弗拉门戈舞者继续生活着。这样明暗两线交汇的安排十分富有深意,正如荷西对法兰克所说的"我们的路开始交叉",这怎么不令我们思考"现实"与"幻境"是否殊途同归,在某一个空间点汇为一处?将小说《后记》与《给薇拉的信》对应,我们不难发现《给薇拉的信》中各个人物的言行在《玛雅》这个"实境"当中都有迹可循。例如法兰克与壁虎的对话灵感来源于约翰在脑海中与亡妻对话的习惯,而拍摄安娜照片的侏儒在阿卡萨花园里也能找到原型。书中人物在"热带高峰会"上进行了大篇幅的哲学探讨,乔斯坦正是借他们之口向读者传递了他的哲学思想。人物观点的冲突即是作者思想的自我碰撞。在重重矛盾的激烈交锋中,"进化目的论"似乎渐渐占了上风。

　　自然界有进化意向及预先决定的目的的观点早在柏拉图、亚里士多德及斯多葛学派之后就已经流行,然而在两千三百多年后的今天,我们的眼光已经不再仅仅局限于自然界。航天技术的精进以及人类永无止境的好奇心驱使我们前往探索更广阔的世界——"卡西尼"号飞船成功进入土星轨道,"勇气"号和"机遇"号火星车登陆火星并发现有水,人类首次实现用月壤种植植物……

　　这不能不引起我们进一步的思考:宇宙的目的是什么?

　　宇宙拥有自主性。"意识"诞生的那一刻,宇宙终于睁开了眼审视自己。我们就是那眺望宇宙的眼睛。我们看进宇宙深处,在一颗小小的蓝色星球上聆听它的心跳。人类的探索未曾止步,人类的好奇心从不满足,宇宙的目的终将在我们坚持不懈的努力之下被揭晓,而《玛雅》的目的,在于使我们从自身出发,去考虑宇宙——溯源直到一百五十亿年前的那个奇点。

　　我们需要探索未知,然而同时我们无法忽略科技发展过程中造成的生态破坏。

　　自生命诞生后的一百一十一亿年的漫长过程里,两栖类动物无疑成为人类出现最初的铺垫。然而这并不意味人类比其他任何生物高贵多少——事实上,历史完全可以称呼它们为我们演化之路上的前辈。我想壁虎高登对法兰克的质疑相当出色地诠释了人类在自然法庭上本应面对如何的指控与审判:

　　"像你这样的生物,最阴险的偏见往往就在于你连自己都看不到。"

　　溯源至石炭纪,那些皮肤湿滑、在岩隙间穿梭的爬行动物也是我们的兄弟。借罗拉之口表达出的观点,无疑阐述了所有的基因物质都互有关联的事实:

　　"……地球是一个单一的、有生命的有机体。"

　　然而人类却不顾其他物种的生存状况,执意违反一般生物所遵循的规律。1906年美国亚利桑那州的卡巴森林"鹿灾"、韦兰运河开凿导致的鳟鱼大减产、曾于新富中一度风行的野味宴……我们当真要留给后代一个千疮百孔的地球?

　　《玛雅》不仅仅是一本哲学小说,更是一部探讨生命起源以至人类演化的科学著作。它为我们的思维转向整个地球的生态现状提供了一条明确的坦途,其中犀利的批判与争辩不得不使我们深思甚至羞愧。好在人类已经采取了行动弥补以往的过失,因为"保留此一星球的生存环境,不仅是全球的责任,并且也是全宇宙的责任。有朝一日,黑暗可能再度降临。而这一回,上帝的神灵将不再浮现于水面"。

再谈箴言。作为《玛雅》的出彩点之一，它们为整部作品笼上了一层迷幻又神秘的面纱。箴言共五十二则，其中涉及宇宙起源、生物演化、人类意识浮现等无数重大问题。我想这些乔斯坦哲学观中沉淀下来的精华，绝对经得住反复阅读和考量，尽管已省思再三，有些还是没有完全明白。然而有一点是无疑的：

《玛雅》自始至终都着力于让我们知道，宇宙是一篇万物之合而成的浩瀚史诗，人类与整个宇宙皆存在着极为亲密的联系，我们应始终坚持追求庄子所谓"天地与我并生，而万物与我为一"的意境。

我们要以这样的方式庆祝创造之黎明。

我们就以这样的方式礼赞黎明之创造。

点石成金

小作者先为我们简述这本书的主要内容，评价这本书是"书中书"，写作时能明暗两线交汇安排，正是这明暗交汇让作者有了"现实"与"幻境"是否殊途同归，是否在某一个空间点汇为一处这一思考。《玛雅》一书的目的就是让人们对生命溯本求源，对自然多些敬畏之心，和当今现实契合。接着，作者对这部书进行高度的评价，虽着墨不多，但很有见地，想法颇丰。

我以春心听秋雨

——读《听听那冷雨》有感

◆ 学校:嘉善中学　◆ 作者:杨晶晶　◆ 指导老师:刘文力

《听听那冷雨》听的是雨声,感受的是冷情。"听听,那冷雨。看看,那冷雨。嗅嗅闻闻,那冷雨。舔舔吧,那冷雨。"在这充满雨声的文字背后,似乎看到一张凄苦的脸,深望而待。人们常在喜悦时走马看花,在失意时夜听雨声,春雨让人愁,秋雨让人思,我们在雨声中碰撞出的常是过往的不如意,遭遇的往往是冷不丁的离愁别绪。

课外活动,看了一个多小时的《听听那冷雨》,也听了一个多小时的雨声。窗外,秋天的雨一下就没有停下来的意思,柔柔弱弱的,软绵绵的。从天上慢悠悠、轻飘飘地落到树梢上、屋顶上、马路上……

秋天的雨虽然有轻盈的舞步,细敲慢打的温柔,但秋天的雨里却有秋天独有的寒冷。路上的行人在雨中行色匆匆,校园里的同学们也夹着书,缩着脖子在雨里从这个教室跑到那个教室。秋雨温中带寒的感受,常让人想起"巴山夜雨涨秋池"之类的诗句。

秋天的雨,有秋日独有的感叹;秋天的雨,有秋日独有的忧伤;秋天的雨,有落叶凋零、寒冬将至的孤独和困惑……

可是秋天的雨,也让人沉静。

所有的人都离开运动场:有的同学已躺在床上,听风,听雨,感受逝去的岁月,品味过往的困惑,异想天开地想象一些不可能的将来,在秋雨如钟的滴答中沉醉不知归路。

秋天的雨,也让有的同学站在楼道走廊里,极目远望,透过水帘般的雨幕,感慨过去如烟的往事。过往的乐,过往的痛,过往的成功,都在细雨的尽头展现。

余光中的雨落在灰瓦上,会化成灰蝴蝶,灰蝴蝶飞起来,然后让他想起过去。余光中在雨声中联想到江南的雨下到桥上和船上;我身处江南,现在可以看到雨下到桥上和船上。现在灰瓦已经了无踪迹,只是楼宇森林中,雨也变得冲不出重围。

一日秋雨一路情思,这样的情感应是在这雨中的楼道里生出的感想吗? 楼下小路边,一位衣着褴褛的中年男子正在弯着腰拉着收来的纸板箱,我心里突然一激灵:不经风雨,怎能见彩虹,没有谁能随随便便成功……失败者固然可怜,成功者固然可敬,但成功和失败都不会那么从容。

这绵绵的秋雨里,冷静下来一想,我不就是那个收纸板箱的中年男人:他为他的生计,我为我的前途;他抵御的是这秋雨的阴冷,我抗争的是这无助的迷惘。他来年的收获靠天赐的运气,我未来的成功要靠可遇而不可求的机遇。

这秋天的雨,这不能随随便便的成功……

余光中说无论时代变迁,下雨时都离不开雨伞。他在雨夜,在楼上,在窗前整理记忆深处青苔深深的往事;我在雨天,在楼上,在廊檐下展望山花烂漫的未来。其实,雨伞是雨天里开的花。教室里、走廊里都是张开的雨伞,花花绿绿,大大小小,像拼图般五彩斑斓。雨伞的末梢都在无声地滴水,潮潮润润,柔情脉脉。下同样的雨,打同款的雨伞,我们也可能有不一样的心情。秋雨里,我们也要有春心,用春心度秋雨,不正是一种气度和胸怀?

秋天的雨里不全是衰草连天。春天发的芽,在雨水的浸润下似有无穷的生机。

秋天的雨里不全是忧伤。农田里金色的稻田正翻着波浪,在秋雨的反照下更加灿烂,刺得老农的眼睛眯成了一道小缝。

秋天的雨里不全是迷惘。对亲人的思念不也是一种别样的幸福?

秋天的雨里也不全是沉思。点点滴滴,是秋雨的脚步,稳稳走来,又隐隐走去,这单调中的平淡是不是人性中另一种美丽……

如此来看:

这秋天的雨便是润色画卷的画师,让年轻浮躁的心趋于恬静……

这秋天的雨更是久经沙场的老者,单调的话语彰显无视云卷云舒的胸襟……

余光中在《听听那冷雨》中感受"前尘隔海。古屋不再",似乎以苦心听雨声。他是人到壮年,离乡隔海,听出冷雨是历史的选择;我们年轻气盛,守家驻乡,听雨要听出惊蛰的喜悦。

佛学大师苏有民说:佛学只研究两个字,一是"取",二是"舍"。能在恋恋不舍中放弃,在犹犹豫豫中坚定,在闪闪烁烁中明晰,也就懂得了舍中取,取中舍,也就成了佛!

在这绵绵的秋雨中,人都有太多的思索,在思索的尽头有太多的留恋,在留恋的踌躇中,我总分不清是理智还是冲动,甚至我也思考奋进中的潮起潮落,失败背后的冷风冷雨,谁能看得清,望得远呢? 但无论是风还是雨,前进的脚步都不能暂停。

这秋天的雨能不能也像寒山寺的木鱼? 去欲归真,在均匀的滴答中阐释出什么是"取"、什么是"舍"的佛学真经?!

那就燃一炷香,给这秋天的雨,给这带雨的秋天! 让我用春心在这秋雨中听出青春的涛声。

点石成金

小作者语言优美,挥笔自如,从书本中听秋雨,写到了"校园里的同学们也夹着书,缩着脖子在雨里从这个教室跑到那个教室……常让人想起'巴山夜雨涨秋池'之类的诗句";写到了"躺在床上,听风,听雨,感受逝去的岁月,品味过往的困惑";写到了"楼道走廊里,极目远望,透过水帘般的雨幕,感慨过去如烟的往事"。不同的场景,不同的忧伤,作者忽然觉得秋雨不该是如此模样,不全是衰草连天,不全是忧伤,不全是迷惘,不全是沉思,应该是人性中另一种美丽,听雨让年轻浮躁的心趋于恬静……文章越品越有深意,读罢咀嚼,荡气回肠。

少年慕远方，我们逐梦想

——读《牧羊少年奇幻之旅》有感

◆学校:浙江海盐元济高级中学 ◆作者:王之秀 ◆指导老师:徐晓琦

当你想要某种东西时,整个宇宙会合力助你实现愿望。

——题记

白云苍狗,世事无常,有人选择做井蛙,囿于一方;有人选择做飞鸟,翱翔苍穹。《牧羊少年奇幻之旅》为我们安上了扶摇九万里的翅膀,帮助我们拾起埋在心中的天命,去追寻生命的宝藏。

书中讲述了牧羊少年圣地亚哥接连做了两个相同的梦,梦见埃及金字塔附近藏有一批宝藏。于是,他卖掉羊群,开始追梦之旅。其间,他遇见了一位王,一个英国人,一个炼金术师和沙漠少女法蒂玛……最后在各种预兆的指引下,少年穿越了"死亡之海"撒哈拉沙漠,到达金字塔,领悟了宝藏的真正所在,收获了比宝藏更珍贵之物。

天命就是你一直期望去做的。

——撒冷之王

书中称之为"天命",我们称之为"梦想"。书中水晶店老板的梦想是去圣城麦加朝拜,但他选择将梦想埋在心底,以守护梦想来抵御岁月的漫长与平庸。沙漠中的赶驼人没有明确的梦想,他"既不生活在过去,也不生活在未来",只活在当下。但圣地亚哥不同,他听从了心中的声音,放弃了安稳闲逸的牧羊生活,带着父亲没有实现的梦想,踏上了一条毅行之路。他尊重别人对待梦想的不同态度,但这丝毫不会减缓他向梦想前进的脚步。他一路向前,去追寻自己的天命,将对金字塔壮美景色的向往种在了内心深处。

我们立于时代的洪流中,应该像牧羊少年一样,去追寻自己的梦想。哈伯特曾言:"对于一直盲目航行的船来说,所有的风都是逆风。"所以我们必须有披沙拣金的能力,找出自己梦想的种子,将它种入内心深处,让它成为我们向前的引擎和助推器。敢于打破常规,敢于有梦,敢想敢做,不满当下,期待未来。正如书中所说,恰恰是实现梦想的可能性,才使生活变得有趣。

每个人的寻梦过程都是以"新手的运气"为开端,又总是以"对远征者的考验"收尾。

——炼金术师

牧羊少年的寻梦之旅艰难竭蹶:被偷,被俘,被迫变成风……很多次他都想要放弃,想要回归习以为常的牧羊生活。但是每一次他都能在摇摆后继续坚定信念,一遍一遍地唤醒自己,重燃希望后告诉自己"这不是陌生的世界,这是个崭新的世界",只有通过勇气、智慧、执着和考验,才能实现自己的梦想。"夜色之浓,莫过于黎明前的黑暗。"途中的所有险境和恶人,都在少年的勇气和坚持中,失色退场,一轮红日冉冉从东方升起。

少年就是我们,我们正年少。我们渴望追求梦想,但不能因为害怕在实现梦想的过程中遭遇坎坷而轻易选择放弃。仰慕霞蔚云蒸的山峰,就不能害怕棘刺;惊叹波澜壮阔的大海,就不能畏惧礁石;感慨硕大无朋的苍穹,就不能忌惮阴云。我们须知"无限风光在险峰",所有的困苦与艰险,带给毅行者严苛考验的同时,也带来了奖励,如同沙漠的风,带来了飞沙走石,也带来了法蒂玛给牧羊少年的甜蜜亲吻。

我们的心在哪儿,宝藏就在哪儿,我们必须听从自己的内心,不忘初心,方能点亮我们的梦想。因为"当你想要某种东西时,整个宇宙会合力助你实现愿望",最终,我们一定能看到金字塔朝我们微笑,一轮红日冉冉从东方升起。

"过往无须泣,未来不足惧。"

点石成金

　　小作者一开始对故事内容进行简单的概述,然后以小标题的形式展开,边介绍故事情节,边切入自己的感思。这些感思正是时代青年所应该具有的,小作者说出了时代有志青年的心里话,语言朴实,情感真挚。文章倒数第三段,运用排比的手法,很有气势;结尾点晴升华,感召力满满。

岁月不居，时节如流

——读《时间的礼物》有感

◆学校:浙江省桐乡市高级中学　◆作者:孙欣怡　◆指导老师:范宏

一个45岁的男人,事业有成,却意外得了癌症;因为得了癌症上了报纸,却没有亲人在旁边照顾;作为一个精致的利己主义者,最后却用自己的生命换回了一个素不相识的5岁小女孩的生命⋯⋯

文章很短,巴克曼很隐晦地描写了一个罹患癌症的富豪前半生因拼搏事业却忽略了家庭,虽然外界看来他非常成功,但是他和儿子、妻子的关系却非常不好。45岁的他得了癌症,在医院里他认识了隔壁病房的5岁女孩,每次看到这个女孩,他都会想起自己儿子小时候的事情,而在和这个女孩相处的过程中,他重新感悟了生命的意义。有一天,当死神来临要带走小女孩的时候,他做了一个非常伟大的决定,要用一生换一生,去挽救小女孩的生命。

"时间是一种非常公平的东西,过去了就是过去了,任何人都不能讨价还价。"书中的男人把自己前半生的时间交给了事业,却没有给自己的孩子和妻子。事业有成的同时,妻子早已离自己而去,儿子也已经不是那个会坐在家门口满怀期待地望着自己的小男孩了。这似乎是个永恒的难题——在事业和家庭之间,你选择什么?

其实人生也不只是事业和家庭的选择,我们这一生都在无数个分岔口选择自己要走的那条路,因为上天交给我们的时间有限,只够我们选择有限的领域去付出,逼我们必须要做出自己的选择。但我们往往会忽略,当我们在做选择时,我们往往不是去选择更喜欢哪样,而是能够舍弃哪样。正如文中的主人公,他也很爱自己的妻子和孩子,但在年轻的时候,他认为给孩子和妻子的陪伴是可以舍弃的,孩子和妻子是可以体谅和忍让的，而一个人的事业黄金期只有那几年，等不了，舍不下。他甚至认为等到事业有成后，对孩子和妻子的亏欠也是可以弥补的，所以他选择了事业。

然而，在他得癌症后，他开始有了遗憾，内心有了亏欠。当他看到5岁的小女孩懂事坚强地和癌症抗争，他心中开始燃起了迟到的父爱，他想到了自己的儿子。他记起曾经有一天儿子和妈妈吵架跑来投奔他，他却把儿子冷漠地拒之门外，他努力地想把儿子培养成一个心硬的人，儿子却变成了一个心很软很软的人。儿子找工作，他可以给儿子提供几百份工作任他挑选，儿子却只想在酒吧里做调酒师。

他内心一定后悔极了吧，人生总是这样，"树林里分出了两条路，我选择了其中一条，可是总会有一天，轻声叹息，将往事回顾，只会想到那条错过的路上的风景，而不会知道它的陷阱和荆棘"。主人公现在一定后悔没有好好花时间陪自己的儿子，但假使他把自己的时间全部给了妻子和儿子，又会不会在将来的某一天，叹息自己一事无成，淹没在平凡的人海中。

"时间过去了就是过去了，任何人都不能讨价还价。"正因如此，我们选择背后的代价才会变得如此沉重，我们的一生才会充满后悔。但是如果我们回首一生，如果我们没有一个想去再见一面的人，我们没有那句没能说出口的爱和抱歉，没有什么事情我们还想再努努力，还想再参与，我们收获的到底是洒脱，还是对人生的麻木和疏离呢？

"不能一命换一命，只能一生换一生"，这是死神在和主人公交易时说的一句话。生命没法交换，如果他选择了替别人死去，那就会被抹去别人对于他所有的记忆。主人公无法用自己的死来换小女孩的活，但是他选择了交换。抹去自己的一生，抹去自己曾在这世上存在过的所有痕迹，即使没有人会记得自己，包括自己的儿子。正如《哈利·波特》电影里赫敏在决战前夕，用魔法抹去了自己存在于父母记忆当中的痕迹，这是一种自我救赎，时间把选择权又一次交到了我们手里。而在书中，主人公最终幡然醒悟，最终和他这一生和解。

当主人公被带去见儿子最后一面，看着儿子认真地擦吧台，仔细地把酒杯分类放好，他为儿子小心翼翼地对待自己喜欢的东西而动容，他抛弃了对成功的偏见而发自内心地对儿子说了一句"我为你骄傲"。

主人公把自己的后半生交给了死神，也抹去了自己的前半生，拯救了一个小女孩的一生，他最终得到了时间的礼物。——"假如你始终没办法和故乡的房屋草木、街道砖瓦握手言和，不妨先试着理解和原谅过去的那个自己，原谅我们并没有成为自己曾经向往成为的那个人。"

席慕蓉曾说,一生或许只是几页不断在修改誊抄着的诗稿,从青丝到白发,有人还在灯下。

也许我们都或多或少用错过时间,会把最珍贵的东西用在了其实对我们此生意义并不那么重要的人和事身上。我们假装忙碌成功,说着客套话,挂着假笑,而我们爱的人和爱我们的人,正在家中等我们回家吃饭。

客来客去日日,花开花落年年,愿我们每个人都珍惜光阴,努力抓住自己能抓住的东西,尽可能地抓住自己最在乎的东西,最终即使得不到也释然,因为那是时间赋予我们的礼物,我们要珍惜。

点石成金

文章就是将《时间的礼物》的故事情节娓娓道来,在讲述的过程中也没有夹杂很多的个人感情色彩,就是在讲述的过程中让读者去悟去反思,什么才是最珍贵的,什么才是我们平凡人的人生追求。在生命即将结束时,患癌女孩唤醒了男主人公沉睡已久的父爱,他决定用自己的一生挽救女孩的生命。看起来很悲壮,男人之举可以获得高赞,但在此却让我们心头一紧,生活中有多少人忘记爱,又有多少人根本无视亲人的感受。文章用最朴实的语言,阐明最深刻的道理,引人深思。

"恶魔"笔下凄凉而魅惑的美
——读《春琴抄》有感

◆ 学校:浙江省桐乡市高级中学　◆ 作者:沈晨曦　◆ 指导老师:糜建虓

　　小姐与仆人、师傅与徒弟、丈夫与妻子(不被承认),《春琴抄》在极端的对比中描写了一个富家盲女和仆人间惊心动魄的爱情故事。

　　就小说本身而言,在谷崎润一郎的所有作品当中,《春琴抄》的格局似乎极其窄小,远不能和以大阪作为故事发生舞台的《细雪》相比,也无法和以战国历史作为背景的《盲瞽者谭》相提并论。要说古典情怀,说那种克制、忍耐的爱,偏偏又不如《少将滋干之母》讨论变态的情欲、倒错的人伦,更别说人物更为繁多、情节更为诡谲、关系错综复杂、情绪疯狂到恶魔附身一般的《卍》和《钥匙》。

　　可实在地讲,这本看起来单单纯纯就是个虐恋情深故事的《春琴抄》,却是我在谷崎的所有作品当中最喜欢的,也是我认为他最特别、艺术成就最高的一部作品。

　　那么,"格局窄小"的《春琴抄》到底有什么特别之处呢?

　　且先从作者说起。实际上谷崎润一郎本人就足够特别,甚至称得上怪异。他的作品从不写寻常的男女之情,有一种极致的浪漫情怀,充分表现了日本文学的物哀之美、幽玄之美、侘寂之美。

　　谷崎早期的创作常被学界冠以"恶魔主义"的称谓。他习惯在作品中惊世骇俗地展示畸变的人物性格和嗜好、施虐与受虐的病态快感,以及在残忍中展现女性美。这种病态的风格与其特殊的个体人格心理大有渊源。谷崎本人曾这样说道:"艺术就是性欲的发现。"谷崎的母亲是一位传统的日本古典女性,对母亲的崇拜造就的"恋母情结",成了谷崎文学创作的重要动力之一。

他还是一个特别自我的作家,在自己的作品中随心所欲地堆砌自己喜欢的东西。对其母的崇拜演变成的对女性的极度崇拜,在谷崎早期的小说里表现得尤为明显,比如《痴人之爱》和《黑白》。

二者相较之下,《黑白》里更显赤裸,直接就描写了一个灵感枯竭的作家,忽悠到一份稿费后马上亢奋地找女人。女招待用十分拙劣的技巧骗他,导致他一次性欲都没有满足就把钱花得所剩无几。最后作家只得带着对女人的疯狂妄想去写他的小说——完全就是写了一个作家怎么想嫖女人、怎么真的去嫖,然后没嫖到,最后幻灭的故事。

这种男人对女人无条件的崇拜与迷恋,基本上是谷崎永恒的主题。只有在《细雪》里似乎半点没提,但四姐妹那超越了时间、不合常理的美貌,不就是谷崎对女性永恒迷恋的所在?对女性的跪拜,以及对超越了伦理的美的追求是谷崎润一郎毕生所执着的,他尤其赞赏日本平安时代文学中所反映的崇拜女性的精神。这在《春琴抄》中表现得尤为突出,佐助为了保留他心目中的美丽女神春琴的形象,不惜自毁双目,与当时的世俗服从背道而驰——强调女性的美,主张男性必须臣服在女性的膝下。于是,佐助对春琴的恭敬、服从、宽厚、容忍和春琴对佐助的无礼、冷酷、暴力、高傲形成了鲜明的对比。

事实上,《春琴抄》里所有的对比都是极端的,造就了一种奇异的美感。

由于谷崎对女性的迷恋,导致他书里的女人拥有绝对的美貌,像《盲瞽者谭》中的女主角——织田市,动乱一生,生了几个女儿,但男主角对其仍迷恋不止,称其美貌丰姿比过去更甚。这种畸形的审美,导致谷崎大多数小说里面的女性形象的美学、象征意义远大于现实意义。这些女人美则美矣,大多沦为了谷崎物化女人的符号。

《春琴抄》前半部分的发展和谷崎其他作品别无二致,如果就这样到最后,《春琴抄》也不过就是二流的风月奇谈。但谷崎在小说将近末尾的部分,居然让春琴毁了容!在谷崎的小说里,居然能够容忍一个老且丑的女主角?真是天下奇谈!这里真的能深深地感受到谷崎写下这些文字的时候玩味的残忍。

但,谷崎并不仅止于美女被毁容的猎奇。他描写这样的春琴,几乎是在绝境之中成了真正意义上的操琴的高手。谷崎写艺术家对艺术的追求,从腐败里开出艳丽的花来,就我所知道的,这还是第一次。

《春琴抄》吸引我的就是这样一种凄凉又魅惑的美,又病态又瑰丽。书中春琴和佐助这对男女无比亲密,介于主仆、师徒、恋人和伴侣的微妙关系之中,五味杂陈难以说清道明,总让人觉得太过虐心,以至于连文学大师川端康成看了都忍不住感叹道:"如此名作,难以言喻,唯有叹息耳!"

不过仅仅用爱情来解释这一切,就过于牵强和单薄了。

在常人眼中,盲人都是可怜的,很少有人真正欣赏他们。在《金瓶梅》中也有妻妾争风吃醋,金莲和春梅欺负上门表演的卖艺盲女的情节。虽然"蚓无爪牙之利,筋骨之强,上饮黄泉,下食埃土"也能活,但无疑只能以卑微的姿态活着。

春琴的骄傲来自才华和容貌,不需要被人可怜而结婚。

盲人春琴出身于富商之家,从小受到了加倍的爱,并且有着引以为傲的琴艺和美貌。因此,失明让她格外敏感,自尊心极强而至偏激的地步,为避免被同情,她不愿求助于任何人。但由于残疾,春琴不能像别的姐妹那样嫁个体面人,而且按照当时的风俗,结婚后,她就得改成丈夫温井的姓氏,由颐指气使的主人变成一个低眉顺眼的妻子,这是心高气傲的春琴所不能容忍的。更何况虽然春琴恃才傲物,喜欢享受奢靡的生活,但由于脾气暴躁,她开馆授徒的收入微薄,如果婚后失去娘家每月丰厚的资助,根本无法保障她优渥的生活水准。

春琴强烈的自尊和骄傲面具之下,是一颗无端遭受了命运伤害、残破而易碎的心。她爱喂鸟是希望它们和佐助一样,永远处于自己的绝对掌控之下,这样她才拥有安全感。

佐助把春琴当信仰,成为其追随者和衣钵传人。佐助爱上春琴也不仅是同情和怜悯,而是他知春琴之苦楚,看穿了她坚硬外壳下的无助和弱小——从失明到毁容,一切不幸猝不及防地降临,她身上坚硬带刺的怪脾气外壳,是为了保护她柔弱而自卑的内核。

在整部小说的开头和结尾,都充满了宗教的氛围,显然别有深意。

在佐助自残之后,春琴为其真心所感动,认为他们都是盲人了,可以不用嫌弃对方而名正言顺地在一起了,佐助却拒绝了春琴结婚的建议,一如既往以弟子的卑微姿态照顾服侍她,这并不是奴性。

如果把二人的性别置换一下,或许就不会那么奇怪。在毛姆的《月亮和六便士》中,克里斯兰德抛妻弃子去追梦,一身坏毛病,人们愿意原谅他,女人愿意为他牺牲——他的身边从来不乏前去飞蛾扑火的女人。但如佐助一样,愿意终身为奴,甚至刺瞎双眼,只为走进春琴内心的男人实在太少太少。

《春琴抄》也可说是一个崇拜者和被崇拜者之间的故事,只不过因为性别不同而表现为畸恋罢了。

苦难成为春琴艺术和感情上的良药,是佐助以"盲目"的无私之举卸下了她锋芒毕露的盔甲,从而与之真正地融为一体。书中谷崎润一郎此说,可谓一语中的:诚然,不论操琴还是弹三弦,春琴的确是生田流顶尖高手,即便看不惯她傲慢和骄横的人,仍心悦诚服地称之为罕见的琴师妙手。

但不论春琴在琴曲上多么有天赋,不尝遍人生的辛酸苦辣,终究是难以参透艺术的真谛的。正如一个没有品尝过生活艰辛、没饿过肚子的音乐家,在演奏《二泉映月》时,无论技艺如何高超,也拉不出阿炳独有的凄凉滋味来。性格高傲而自卑的春琴,由于性格乖张专横树敌不少,而失明和毁容之后,皮相对于春琴就没有了价值,所以她心无旁骛地将精力全用在琴艺上,先天修养的不足得以弥补。这就是春琴的技艺在遭难之后更上一层楼的原因。

所以仅仅说谷崎润一郎的《春琴抄》写的是虐心畸恋,显然是不够的。

佐助对于春琴更有一种以柔化刚,如佛家所言的慈悲胸怀在里面。春琴的眼盲,不只是生理上的失明,更是指她心智上的混沌未开,佐助作为盲人春琴的牵引人,不仅是她生活中的引路人,更是她灵魂的摆渡人。

灰暗的双向救赎,压抑的日系爱情,挣扎困顿的成长史,《春琴抄》作为谷崎润一郎的代表作之一,有着别样的魅力。

点石成金

文章如行云流水,清晰畅快,小作者娓娓而陈,犹如一个智博的长者从远处渐渐俯临,低吟着他所阅读的故事与独特的心得。小说家的风格,《春琴抄》的特色,主人公的形象……均足以把猎奇读者的眼球给抓得牢牢的。小作者在作文时能旁征博引,游刃于中外古今,析故事、讲理论,由浅入深、层层推进,堪称佳作。

灾难·人性·法则
——读"三体"系列有感

◆ 学校:海宁市高级中学 ◆ 作者:姚博 ◆ 指导老师:钱晓敏

知进退存亡,而不失其正。

——题记

在灭顶的大灾大难面前,在冷酷的宇宙法则里面,人类或许是渺小的,人性也可能是脆弱的。唯其克服弱点,运用法则,方能直面灾难,重获希望。在读完中国科幻小说的基石之作——刘慈欣的"三体"系列后,我对灾难、人性、法则之间的关系感触尤深。

从《三体》到《三体Ⅱ》,再到《三体Ⅲ》,"三体"系列的故事曲折跌宕,发人深省。人类在探索外星文明的过程中不慎暴露,受到了来自四光年外的"三体文明"的威胁。末日临近,虽经一番波折暂离危险,但随之而来的却是更大的威胁,最终地球在十天内几乎被外星文明毁灭殆尽。从中我读出了人性不可回避的弱点,更知晓了宇宙生存与竞争的残酷。

人性,自大。这一点再明显不过了,从一开始《三体》中的"红岸工程"便可得知。"文革"时期,军方的科技水平初出茅庐,人类就想绞尽脑汁跟外星文明"交朋友",只能说过于自信。直到三体探测器出现,人类才意识到哪怕是一艘舰船都足以毁灭整个地球。自大在人类的思想意识中无处不在,这是对未来形势缺乏充足的认识以及对自身实力产生过高的估计共同叠加造成的,后果往往不堪设想。知己知彼,方能百战不殆。知己不知彼,知彼不知己,皆不可也。

人性,自满。自我满足意味着停滞不前,亦是一件危险的事。正如《三体Ⅱ》

中的太空舰队成员,仅仅满足于舰船数量可观,纠缠于纷扰内斗之中,致使舰队毫无发展,舰队成员警惕性差,整个舰队被探测器几乎歼灭殆尽。《三体Ⅲ》中的"掩体计划"亦是如此,掩体实验效果不错,就自以为万事大吉,根本无人去设想可能会有其他的打击方式。凡此种种都是人性自满的表现。其实,自大和自满密不可分,自大容易招致自满。昭昭历史,自大与自满加诸人类,酿成了多少不可挽回的灾祸!人越是自大自满,遭受的打击与伤害就越大,最终造成心理崩溃与社会混乱。亦是自满让人类在灾难面前缺乏还击之力。满招损,谦受益,如是而已。

人性,麻痹。在遇到一些大问题时,人类可能普遍表现得犹豫不决,不知所措,甚至最终做出错误的决断。就如《三体Ⅲ》中的程心,忠于人性,做出了放弃对三体人的威慑和放弃曲率飞船研发两次错误的决定。再如书中的民众,在受到重大打击后精神崩溃。人类的思想总是容易在不经意间被麻痹,从而苟安于世,眼界狭小,乃至祸及子孙。可见,唯有精神明,则世界明。

然而,在看到人性在灾难与法则面前暴露的弱点后,我并未因毁天灭地的小说结局而深感绝望。其实,"三体"系列中也有三人为我所佩服,他们是罗辑、史强和托马斯·维德。罗辑,曾经心理麻痹过,思维混沌过,是一个玩世不恭的人,但在灾难面前最终觉醒,顶住了重重压力,只身与"三体文明"展开决战。他赢了,拯救了一次人类!史强,是一个警界专家,虽有几分粗犷,但身上聚集了很多大智慧,能克服人性的自大、自满,拨开让人麻痹的乱象迷雾,以常人所不及的反应速度与智慧沉稳应对灾难。天下皆乱,独他不乱。而维德表面看上去阴险、冷漠、冷血,似乎是个危险人物,但却只有他清晰地认识了现状,只有他一直在做正确的事情,如若没有程心的错误阻碍,或许他将是人类的最终拯救者。

灾难无情,法则残酷。著名的黑暗森林法则,无不阐释着浩大的宇宙中弱肉强食的原始规律以及文明生存的艰难险阻,无不支配着宇宙文明的兴衰。然而以罗辑、史强和托马斯·维德为代表的人类在碰到各种问题和挑战时,却从未放弃,总会积极寻求解决之法。知进退存亡,而不失其正,恰恰是我佩服他们的地方。

诚然,人性导致灾难,灾难泯灭人性;文明创造法则,法则支配文明。然而正确认识人性,征服弱点,运用法则,守正创新,亦能创造新生的文明奇迹。对此,我深信不疑。

点石成金

　　小作者从人性的自大、人性的自满、人性的麻痹三个方面来解剖人性,写人性弱点的危害性,我们该如何面对人性的缺点。接着,作者就这一问题阐明自己的观点。文章条理清晰,摆现象,析危害,很有说服力,催人警醒。

活着，活得青春激昂

——读《活着》有感

◆学校:北京师范大学附属嘉兴南湖高级中学　◆作者:曾婉暄　◆指导老师:曹洁静

　　他活着仅仅是为了活着，而我活着是为了不断前行。有人为我负重前行，承受苦难，才有了我活着的岁月静好，少年意气。

——题记

　　从未想到过，一个人的生活会如此波折艰难，难道他们一生仅用"活着"二字便可概括? 如同梧桐枝丫疯长，挡住了烈阳。蝉鸣聒噪不安，占据了他们世界所有的声音。

　　十二岁的我接触了福贵的一生，见过他败家的纨绔少年时期，见过他生死离别的中年，见过他与一头老牛度余生的老年。对于我来说，这些日子好似清晨从山间涌出飘走的白云，在傍晚回归群山的怀抱，无关痛痒。但对于他来说，白云苍狗，蓦然回首，却早已孑然一身，连疼痛都成了不可回忆的存在。我只知他渐渐无人牵挂，立在昔日的屋前，看着他人喜笑颜开搬进自己年少时生活的地方，却不知自己此时已狼狈不堪。十二岁的我不知道活着会如此沉重，也从未想过他那寥寥数语可涵盖的一生又怎会止于家破父亡、妻离子散。

　　清风从窗隙中擦身而过，直奔桌上摊着的书，明明不识字却还要装模作样地胡乱翻几页，然后又无影无踪。我扫了一眼泛黄的书页，四年的日子过去了，时间从不止歇地朝前走着，有些事情发生了变化，比如我十六岁了，还有一些却一如当年，比如福贵靠在树荫下，喊着和自己一样名字的牛耕地，一如既往地邀我去听他所谓的生活的故事。彼时的他被国民党抓了壮丁，正随着军队北上，他的背后是长江，滚滚流水让他曾想逃跑回家的心愿荡然无存；他的背后是他的家，母亲病重，自己还没找到医生，妻子怀孕，自己还没看到儿子出生，女儿长大，自己怎么就要命丧异乡？他在坑地中躲避子弹，抢人胶鞋烧火煮米，看着周围的人为了一口吃食在枪林弹雨中死去，遗憾又绝望。怎奈江风明月三千里，天不许归期。

他被共产党所救，但回家却要面对母亲去世，女儿聋哑；又逢人民公社化运动，炼成了钢铁，生活刚有了点起色，妻子却患不治之症，儿子失血而亡，女儿远嫁，自己只剩一头老黄牛。他生活的曙光并未到来，他的人生呈现出一片仿佛被世界抛弃的光景。他周围的人一个个离去，只有他活着，仿佛这是从头顶枝丫中遗漏的光。

他活着，活得悲惨，活着向生活妥协。他生活在从国民党统治后期到三年困难时期，国家战乱不停，抓壮丁让家庭支离破碎；"大跃进"急于求成，人民公社化运动"飞速发展"，人民生活困苦；自然灾害频发，旱涝致使农作物歉收，百姓没有粮食和收成。他所处的社会是他悲剧的开端，却没有尽头。

我也活着。我十六岁，在这个年纪，我可以什么都不去想，我无坚不摧，无所不能。我活着，没有梧桐枝丫挡住烈阳，没有蝉鸣聒噪充斥耳腔，而是蝉鸣悠长，去往远方。我的脚下是完整的世界，伸手就能碰到白日青天。

我处于"社稷昌，黎民宁"的时代，祖国繁荣富强，中国特色社会主义道路已经深刻地写进中国人民的DNA中，流淌在血液里。前人为我负重前行，承受苦难，才有了我活着的岁月静好，少年意气。我无法想象国家是历经了怎样的困苦才变得如此强大，我不知道多少人为祖国奉献出了青春和生命，我知道的是她给了我一个安全的温暖的家，我能给她的却只是不断出现在本子上寥寥几笔带过的还未能实现的抱负，是无数次发呆幻想自己未来会成为怎样一个国家人才，当然也有无数次看着未能实现的抱负寒窗苦读，以及幻想美梦之后的奋笔疾书。她给了我与福贵全然不同的人生，我也会回馈她我浓厚的爱。

活着是为了活着本身而活着，而不是为了活着之外的事物而活着。但我的身后是国家，是一代又一代人的积累与奋斗，我从不敢忘记。我要好好活着，活出青春激昂的风采，活出华夏儿女的情怀，活出五千年的荡气回肠！

点石成金

　　活着的意义是什么？这是所有人都在思考的问题，也是中学生需要依靠自我的力量来回答的问题。余华的《活着》，首先是写福贵这个人物的苦难的一生，讲述他作为一个人如何在社会变革中坚韧地活着的独特历程。作者读到了福贵的活着与其所处的社会之间的关系，由此思考自身作为十六岁少年身处盛世应该如何活着的问题。读而有思，懂得自身所拥有的是什么，应该用何种姿态活着，那么活着的意义也就找到了。

啼鸣凌太清

——读《杀死一只知更鸟》有感

◆学校:桐乡市凤鸣高级中学 ◆作者:钱松婷 ◆指导老师:朱梅芳

绯色的晚霞交融在天际,浮云在寥廓中一寸寸地挪着步子,在这样的一片暮色中,我终于轻轻合上手中的书——《杀死一只知更鸟》。轻抚封面上的书名,我的心中涌现出了一句话:偏见,是杀死人性的毛瑟枪。

"杀死一只知更鸟就是一桩罪恶。知更鸟只唱歌给我们听,什么坏事也不做。它不吃人们园子里的花果蔬菜,不在玉米仓里做窝,它们只是衷心地为我们歌唱。""知更鸟"最大一层的象征意义,是指在白人社会饱受不公待遇的黑人群体。

知更鸟没有害人,只是给人们唱歌而已,所以人们不应该追杀它们。这象征了书中的"怪人"拉德利最后的结局——隐藏与活着。而其中汤姆的案例使得陪审团的权威摇摇欲坠,似乎在告诉梅科姆县的人们,所谓纯理性,本身就不存在,我们可以为罪行辩护、提供证据和执行刑罚,却难以克制内心的种族偏见。

在书中,阿蒂克斯无疑是人性光辉的缩影,也是书中温情的体现,他的正义、善良、理性,是彩色的。而小镇上那些整日浑浑噩噩的白人和陪审团成员身上所体现出的人性的缺陷与灰暗面,则是黑白的。于这光怪陆离的世界,一切颜色都可以源于黑白,一切颜色亦可杂糅为黑白。其一,正如特斯拉所说:"常识就是人到十八岁为止所积累的各种偏见。"其二,在儿童的天真烂漫与成人的清醒麻木的强烈反差下,书中的杰姆,会为汤姆不公的遭遇哭泣的少年,最终还是向现实低了头,善良的天性面对罪恶逐渐变得麻木,甚至成为加害者。这样的悲剧至今仍在上演。在这样一代影响一代不断的循环中,种族歧视的根只会扎得越来越深,就算法律会禁止,但也抵不住人心早已变质。

種族偏见这个命题太过复杂，我更想讨论的则是"多数人"对于"少数人"的偏见。也许很多人觉得自己接受过高等教育，"偏见"这个词离自己很远。但是实际上偏见无处不在，只是我们都已经习以为常。举个最简单的例子，在社交平台上，看到某个人的言论觉得很认同，我们不会说他"三观和我很合"，而是说"三观很正"。所谓的"正"的三观是什么样的呢？为什么和你观念不同的人的三观就一定"歪"了呢？正如色盲悖论认为，我们如何才能证明自己是正常人，而不是另一套评判体系之下的非正常人呢？

文化理论学家斯图亚特·霍尔曾说："社会的差异性日益显著，个体的焦虑感与日俱增，我们究竟该以何种姿态面对人们对陌生事物的恐惧与敌视，又该借由什么方式迎接相应而生的种种挑战？"人们对陌生事物和差异性的恐惧往往就演变成为偏见，有多少种差异，就存在多少种偏见，和平时代大多的暴力正是建立在"多数人"对"少数人"之上。偏见的世界非黑即白，在它面前，众人皆醉，装聋作哑。可是这个世界总存在着各种风景，人本身也是丰富多彩的，有的人天生长得与众不同，有的人有不肯出门的癖好，这些差异不应当成为他受人歧视的缘由。"除非你穿上一个人的鞋子，像他一样走来走去，否则你永远无法真正了解一个人。"不能仅凭传闻和偏见对一个人下板上钉钉的判断，这正是书中的阿蒂克斯对孩子的一个教育理念。何为"勇敢"？"真正的勇敢是在行动之前就知道要失败，但还是要行动，不管怎样，要进行到底"，还要"引导孩子理性、公正地看待所有人"。

我们从黑白的偏见中醒来，用彩色装点世界和自己，愿我们都能像知更鸟的吟咏一般，歌咏出最平凡的绝唱，在这诡谲变化的人生里，经久不息，余音绕梁。

点石成金

偏见，是一把杀人的毛瑟枪。作者读《杀死一只知更鸟》，读到了这样的结论。但作者并不局限于小说关于种族歧视的故事本身，而是从故事出发思考了人性善恶的问题，看到了种族歧视的悲剧至今未止的现实，更聚焦日常生活中"多数人"对"少数人"的偏见问题，呼唤人们从偏见中醒来。读小说，思考故事本身之外，更思考真实生活，是本文的亮点。

我有一个山寨

——读《我有一座山寨》有感

◆学校:嘉善高级中学　◆作者:查悦涛　◆指导老师:朱苗苗

　　在角色六皇子李行哉的介绍下,整本书的故事和世界观缓缓展开。在架空的乱世中,秦王绕柱失败,荆轲刺秦成功,随即群雄并起,战国延续千年,直至大武统一天下,随后展开了长达百年的大武与北戎的连年征战。而故事就展开在大武的青牛山上,一个小山寨里,主角卑微努力而又平凡地奋斗,发展着他的小山寨。我愉快地看着他们五个小山贼进行所谓的"打家劫舍",收留流民做弟兄,诓骗来行侠仗义的人落草。然后有了许许多多形形色色奇奇怪怪的人入伍:有爱装高人实则什么都不会的关鱼;有每次见人都会评价"吾观其插标卖首尔""吾观其以头抢地尔",能治病,开导人开导到让人抑郁想跳崖的刘悲;有每次判断都会恰好错误的"排雷神器"徐神机;还有与人沟通的方法就是往死里揍人的奇女子小白狼……说到这里,这故事多少已经不太像绿林盗贼的血腥故事,有的只是苦难的人们在一起抱团取暖的温情,让人沉醉。我原本以为故事就会一直这样发展下去,那么地单纯,那么地纯粹,那么地明快,美好得就像永恒。但作者似乎并不想让剧情就这样简单地延续下去。也许一篇故事总会有起起伏伏,就像人生。

　　青牛山一战之后,整个山寨从此分崩离析,再也没有了往日的喧嚣,那些曾经谈笑的兄弟,有的已死在了战场之上,有的也远离他乡,流浪四方,散落在天涯,从此再也没有了音信。过往就像一阵云烟,被风一吹就飘散不见了,而只有程大雷一直背负着仇恨行走在京都与琴川的阴云之下,孑然一身,在最不愿的时候实现了他那苦涩的梦想:执剑仗行天涯。最终他隐匿盘根在京州,等待那一刻的复仇。

　　程大雷让柳芷在万国盛典上唱的那出戏:真正的英雄被世人遗忘,而虚假的神明则被人供养,又有谁能读懂呢?可皇帝又何尝读不懂呢?但欲戴皇冠,必先自承其重,武帝表面上光鲜亮丽,实则却也不过是在权与利交织的政治框架下被操纵和束缚的傀儡,身不由己。而那出戏还有谁能看懂呢?金问道看懂了,因为一万北戎铁骑折于此战,他看到了恐惧;幽州王杨龙停看懂了,他亲手将程大雷逼上悬崖,他看到了威胁;武帝看懂了,他知道青牛山之战的真相,可他也被根深蒂固的舆论所操纵,身不由己,他看到了不公与无奈,以及深深的无能为力;林少宇也看懂了,他是蛤蟆寨的一员,他为他被斩首的父亲林问天和他死去的兄弟感到愤怒,他看到了仇恨。可是除了他们,这世间又有谁能看懂?百姓看得懂吗?剩下的看得懂的人都已被埋在青牛山的战场上,只有程大雷记得他们英勇赴死的那一刻,他们难道不值得为世人所铭记吗?可武帝告诉他,这世间需要一个英雄来被人供奉敬仰,那是人民的信念。他们不在乎公正与否,他们在乎的只是一点点念想,生的念想,活的念想;而这人世间也必然需要一个承罪者,为他人承罪,以平息这世间的怒与恨,即便他无罪。正如林问天,他是武帝过命的兄弟,武帝却亲手将他推向刑场——皇帝无力左右的是民心,在这腐朽的朝政下,他只得将有罪者送上天堂,将有功者打入地狱,杀好人,救坏人。不然,这怨与怒将会压制不住,冲垮这千年的朝政。胜也罢,败也罢,一个战绩过于显著的人,不是做神明,就是做罪人。不能做神明,就只能做罪人。

　　"你是山贼,而他是王,你认为百姓愿意供奉一个山贼,还是一个王;你又认为百姓更愿意将一个王送上刑场,还是更愿意将一个山贼送上刑场?你不能做神明,所以你只能做一个罪人。"这些道理冰冷得像利刃,坚硬得像岩石。即便程大雷多少次怒吼"那场仗是我打的",又有多少次梦醒于雨夜的血战,却无力挽回那些已去的事实。

　　有多少公道是讨得回的,又有多少公道是算得清的,这本书告诉我,公道是不一定算得清的。时间会洗涤虚妄的尘埃、那些复杂与错误的腐朽,但前提是时间还记得你,如果是连时间都遗忘的往事,又有谁会提起?更何况被历史遗忘的暗面里,有多少生死爱恨、家国情仇是算不清的,它们已经不再重要,或是世人已经根本不在乎,连最在乎他们的人都已死去,还有谁能为他们博得一份清白?或许这世间本就没有公道。

　　读到这一刻,我忽然明白,当今的人们为什么要执着于修缮与重建那些无名的坟与墓碑,因为无名不能抹去一个战士的伟大。程大雷在那个雨夜里高举王印的情节令我动容:"可有热血男儿留下,随我一同抗戎,任由人默默川流不息。"

这些情节不像《红楼梦》一样细腻婉约,更多的是厮杀与明争暗斗,山上有永无休止的战场,帝都有永无休止的纷争,琴川有永无休止的入侵,这正暗喻作者所言乱世:"何谓乱世,就是战争,何谓战争,就是杀人。"就像程大雷对林少羽的嘶吼:"这不是小孩子过家家,你不杀了敌人,敌人就会杀了你。"没有花前月下、月影婆娑,有的只是刀光剑影、寒月如崖,那些看似被繁华垄断的角落里,处处是尔虞我诈,从这点来看,它更类似于《三国》或是《水浒》。

就像程大雷对苏落樱说的,"男儿何不带吴钩,收取关山五十州",我热爱这种满腔热血。这份执着,这份不可一世,这份不顾一切,让我感受到了宿命与命运并不是一切,也许上天可以决定很多,但它撒的网总会有漏网之鱼,出身不决定着一切,不意味着必然的卑微和一世的低贱。我热爱程大雷这一人物形象,只因他是人,一个不残缺的人。他不像大量民众心中理想化的形象,他有缺点,而且显而易见,可这也是人之所以被称为人的原因与最可贵的地方,不疏离,不陌生,简单平凡而又一腔热血。在书中,程大雷被赋予的属性是一个好人,但他绝对不是一个烂好人,他也会杀伐果断。面对北戎拿流民当肉盾,他也会下令放箭,当然,这对吗? 毕竟是滥杀无辜。可是又能算错吗? 也许身处乱世当中,无人能做出比他更好的选择。从小处讲,他要对一整座山寨的兄弟负责。有时,权力意味着责任,索取意味着代价;从大处讲,他拿着幽州王杨龙停的玉印,他要死守住大武国的门户。

正如孟玄青所言,为什么幽州王杨龙停会害怕北戎? 因为大武害怕北戎。可为什么大武会害怕北戎,北戎到底怎么样? 无数青年豪俊满怀雄心,却又失望地离去,或战死或退役,淹没在北戎的铁蹄之下,从此无人回答。可北戎到底怎么样? 终究没有一个人能给出答案,只因这答案需要以山河为图,以剑为笔,以血为墨书写:其实,北戎不怎么样! 可就是这样一位英雄,一位对天怒吼"王侯将相,宁有种乎",一位高举王印任由人默默川流不息仍大喊"可有热血男儿留下,随我一同抗戎"的人物,一位以三千人马对抗北戎一万铁骑并且取得了最终胜利的人物,却没有得到他应该有的荣耀。在权与利交织的政治框架下面,所有的功与过、对与错、是与非、黑与白,都因利益的驱使而被放大得错综复杂,所有的腐朽都在万国盛典的那一刻充分地被暴露出来。程大雷对六皇子李行哉说,这大武病了,像一栋陈年旧屋,风吹雨打,日晒雨淋,徒有光鲜亮丽的外衣,却无从发现千疮百孔的内质。这旧屋因为年久失修,所以摇摇欲坠,再多的修补也挽不回已衰颓的大势,或苟延残喘,或推倒重来。百年的腐朽积累撼动了千年的王朝根基,积蓄了足以掀翻整个大武的死气,像高压的炸弹一般,谁动指,就会破灭这盛世繁华的一切景象,从而引发新一轮谁也不想再见的乱世与纷争。

谁都不敢动朽木。

也许在北地,一望无际的草原上,微风吹拂过圣女湖时,萤火虫的萤火洒遍了整个花海,满是星光的苍穹下,那个曾经刁蛮任性却"生在皇家,不得不长大",被迫远去千里之外的北戎和亲的李明玉公主垂着头、绾着发时对程大雷发出的感慨才是对的:"我曾以为北戎人是杀人的恶魔,可最终却发现他们也只是吃不饱饭的穷人,他们也是人,有善人,也有恶人。可是比起北戎,武国人才更像是恶魔,北戎人打仗杀人,只是为了一口饭,可武国人杀人可以不为了生存,仅仅是为了功名与权益。"同样是腐朽的朝政,可为什么北戎年年取胜,而大武却节节败退? 那是因为连年灾荒让北戎人入侵抢粮,对他们来讲,推进则是生存;而对于武国人来讲,内地富饶安定,后退才是生存。一支队伍生存的信念破灭,那它也就失去了战斗力,这也正是程大雷在武帝面前大谈亮剑精神时,武帝对旁人说要重用他的原因。那是因为他在程大雷的身上看到了军魂,而军魂是一个国家仅存的希望。军魂是什么? 军魂是程大雷混入军队,大声叱喝纨绔子弟的话:"你们嘲笑我穿得破烂,可这值得嘲笑吗? ……相反那些穿着绫罗绸缎,整日却只会泛泛而谈的文官,那才叫破烂!"这很合理,这才是军人该有的模样,这才是一个国家的壁垒、不倒的钢铁之师、战神之魂!

本书从开头就给你出了一道选择题,如果生为乱世之人,是逍遥快活,做一个山大王,还是洒上这身热血,博一个"王侯将相,宁有种乎"? 从字面上来看,一个是独善其身,一个是兼济天下,而这也是"心"这个精灵一直在问程大雷的:"你到底想为这乱世留下些什么?"我想这也是整本书最终的议题,而程大雷留下的东西,应该是希望,一种告诉人们应该怎样活下去的希望。即使你身处乱世,穷困潦倒,身无分文,众叛亲离,在这乱世中,在这方逆境里,你可以逆流而上,活得更加精彩,而未必至微至陋潦倒一生,默默无名,死于乱世。这是一种希望,生的希望,在低谷中生存,至少你还保留了一份动力、一份激情、一份信仰去前进,而不是漫无目的,迷失在人生这一条漫长航途上。也许我们每一个人追寻自己所求的时候,都需要有这样一份执着去放下那些羁绊与拖垮你的事物,打破束缚你的囚笼,斩断羁绊你的枷锁,这样才能比肩苍穹,从而飞得更远。

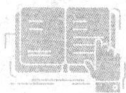

点石成金

　　一座山寨的传奇故事,刀光剑影背后有无数的英雄和小人物,这些角色每一个都闪着奇异独特的光。作者读了一个年轻人比较喜欢的传奇故事,并没有停留在情节的曲折离奇中,而是醉心于思考人物的命运与其人生选择,思考英雄人物作为一个真实的人如何成为他的英雄,思考国家与社会的历史走向。"你到底想为这乱世留下些什么?"在有关这个问题的诸多思考背后,我们可以读到他另一个真切的思考:我到底想为这盛世留下些什么?

亦善亦恶,变观其行

——读《羊脂球》有感

◆ 学校:浙江海盐元济高级中学　　◆ 作者:王晨羽　　◆ 指导老师:顾颖燕

　　万物竞生,适者生存。当下之世,是与非、善与恶、对立与统一仍是亘古不变的话题。正如加缪所言:"不存在无阴影的太阳,而且必须认识黑夜。"

　　生存之道往往潜藏于生活本身,而小说的意义在于放大生活。作为小说的典范,莫泊桑的《羊脂球》读来饶有趣味。

　　《羊脂球》以普法战争为背景,借助法国社会各阶层十个人同乘一辆马车逃往港口的故事,反映了资产阶级在战争中的自私虚伪和出卖人民的丑恶嘴脸。

　　主角羊脂球作为一名妓女,是社会底层的代表,其余的不是达官贵人,就是修女,他们自诩"高贵""圣洁"。可怜的羊脂球在众人饥肠辘辘之时,拿出自己珍藏的食物,可有人已暗自盘算"像歌谣里唱的那样,把最胖的旅客吃掉"。

　　为了大家能安全离镇,羊脂球不惜委身给普鲁士军官,但众人毫无谢意。车上众人吃得津津有味,但没有人把一点儿食物分给来不及准备食物的羊脂球。交头接耳之际甚至对其熟视无睹……一幕幕,令人揪心叹惋。

　　如果说法国大革命宣扬人人生而平等,那么羊脂球那一颗高尚纯洁的心以及那可怜的一点尊严早已被无情践踏了个遍。她不过是一只替罪羊、一个资产阶级快乐和欲望的牺牲品。她一无所有,呼之即来,挥之即去,就是死了,周遭也不会有人怜悯她这一条贱命,只是让作家留下一堆干枯的文字,博取几百年后一代一代读者的同情。可悲啊,这早与《人权宣言》的主张背道而驰了。

　　一辆马车,俨然浓缩了一个社会。莫泊桑善于抓住小人物,来剖析那个时代的通病:剥削与压迫,阶级不平等,资产阶级的胆小懦弱,虚伪自私……不免有人赞扬羊脂球无私善良，但于我而言，认为人性的善与恶在其身上体现得淋漓尽致。

一、善当有尊

《省心录》："为善如负重登山，志虽已确，而力犹恐不及。"自尊，就是既不向人卑躬屈膝，也不许他人歧视侮辱。得知羊脂球的妓女身份，"两个正派女士放肆地交头接耳……""婊子""社会耻辱"。有色眼镜下的羊脂球不以为意，仍把仅有的食物分给众人。当有两个人没分到时，她甚至开始祈祷能帮到这两个人！"她把话咽下去了，怕自讨没趣，招来一场侮辱。"如此博爱，赞其为"圣母"也不为过。

可惜"救世主"竟主动把自己埋在谷底，将尊严摔得粉碎。

倘若她对这两个人熟视无睹，人们一定会说她恶，但是可怜的奢求，说得夸张一些，也是一种恶，一种潜藏的恶。

内心认同卑躬屈膝的设定，这种设定便会成为一种意念，如同坚硬的藤蔓将人拽入深渊，恶的种子悄然在心底埋下，越长越盛。

我想，即使羊脂球没有登上这辆马车，即使没有面对达官贵人的耻笑，她是否早已心怀罪恶——指向自己的罪恶。周围的人固然是恶的，但他们只是催化剂，是导火索，如果不被引爆，羊脂球是否会在某时某刻因为内心的不平衡而绝望自杀，抑或是受不了周围人对于妓女的嘲讽突然疯掉？我们不得而知。

这让我联想到东野圭吾的《恶意》。主人公野野口自诩为"失败者"。作家好友事业有成，对其施与不少援助。正是因为他的完美，野野口萌生恶意，将其杀死，甚至不惜抹黑他的人格。魔爪伸向他人之前，是长期以来痛苦、自卑、敏感对其的禁锢——所有人的成功都是为了衬托他的不堪。这，就是恶。

因此，我们是不是常常应"非梧桐不止，非练实不食，非醴泉不饮"？

二、善必有锋

羊脂球一开始拒绝委身于普鲁士军官，因为不希望自己的民族遭到耻笑。这是她的善，对于民族的热爱，正是人性美丽的光辉之一，当下的她竟能立刻产生民族意识，真是令人喜悦。可惜她没有锋，为了迎合那些资产阶级，她选择妥协。

人生面对无数岔路往往迷惘。妥协不免是一种选择，但妥协的同时她也放弃了人性的光辉。抛开小我，纵观大我，这又是一种恶——个人的屈辱怎能与民族等同!

因此,善与恶这种看似矛盾的辩证关系,却在羊脂球身上得到了统一。让人既赞叹,又痛恨,或许人性就是如此错综复杂。由此看来,莫泊桑塑造的羊脂球,可谓充满血色。

说到锋,近年来扶老人遭讹钱的新闻层出不穷,一片善心竟把自己送上法庭,真让人哭笑不得。"为恶如乘骏马走坡,虽不加鞭策,而足亦不能制。"私认为,公道是一定得要回来的,决不能让败坏之风在社会上蔓延。那么反过来,那些对于讹钱持"就此罢了,就当做慈善"观点的人,是否就应该称为"恶人"?

我们仍需同善恶交织的社会共舞,即使它以冷淡和刻薄相欺。

点石成金

一辆马车,一个社会。莫泊桑的《羊脂球》是大家耳熟能详的故事,其中的许多次要人物成为当时资产阶级虚伪丑恶面目的写照。作者关注羊脂球其人,不只关注其善,也关注其人性的缺点,尖锐地批评其善良却缺乏尊严,缺乏迎面斗争的锋芒与勇气。这与历来人们多赞羊脂球的无私善良有很大不同,而这不同,也正是作者独到的眼光与深入的思考所在。

风,可以穿越荆棘

——《昆虫记》读后感

◆学校:乍浦高级中学　◆作者:张依琳　◆指导老师:朱青

　　窗边的阵阵清风,吹开了书的扉页。伴随着清风作祟,我进入了奇妙的阅读旅程,映入眼帘的是作者对昆虫深切的热爱以及探索自然的执着与坚定。

　　这本书是由法国著名昆虫学家法布尔所写的,他耗尽毕生的心血创作了这本旷世巨作《昆虫记》。这里面展示着独具特色的大千世界,不仅仅有关于昆虫生活的习性,更诉说着生命的奥秘与征程。

　　首先让我印象深刻的便是"捕捉奴隶的亚马孙人"红蚂蚁。这种蚂蚁不会哺育儿女,也不善于寻找食物,但它们骁勇好战……由于种种特性,它们为了生存,不得不偷猎别人的孩子,把它们抚养大来伺候自己。

　　因此遭到劫掠的便是其他种类的蚂蚁,首当其冲的便是黑蚂蚁一族。红蚂蚁们排着长长的、整齐的队伍,缓缓向目标前进,直到在枯叶下发现黑蚂蚁窝。对此作者设下了四次圈套,一次比一次困难,为的就是阻止红蚂蚁前进的步伐,但是它们凭借着神奇的记忆力和坚毅的态度,不一会儿便拿着战利品组队按照原路返回了。

　　态度决定成败,虽然它们像一群恃强凌弱的不折不扣的强盗,但它们也不失勇往直前的信念。世上极善极恶之人少有,人们往往各有长短善恶。也许那些所谓的恶人,只不过是被生活压得喘不过气来的人选择了一条逆向捷径,而捷径的尽头便是自食恶果的报应。日积一善,久则必为江河之水;日积一恶,久则必为焚身之火。

　　其次让我魂牵梦萦的便是痴情的孔雀蛾。它们是一种长得极其漂亮的蛾,最大的来自欧洲,全身披着红棕色的绒毛,具有依靠吃杏叶为生等特征。可惜造化弄人,无论多么精美,它们的寿命仅有两三天,因此它们从不把时间浪费在找寻食物的路途上,而是选择去找寻合适的配偶。无论找寻之路多么艰难,它们从不畏惧,一心向前,坚信着"在找到光明普照的真理前,必须在荒谬的黑夜之中久久地徘徊",努力总会收获到不一样的果实。

它们的这种信念深深地打动了我,我在它们身上看到了我过往的影子。我曾因数学成绩不理想苦恼了好久,渐渐丧失了学习的动力,直到有一天一切都变了。那天我半夜口渴,轻轻地向客厅进发,忽然,听到父母房间里传来争议声,便停住脚步,慢慢地趴在房门口,听着他们的对话。爸爸说道:"娃这次又考砸了,我们是不是应该严厉点,转换一种教育方式?"妈妈说:"虽然每次都要刻意掩饰失望,但我相信她总有一天会开窍的,现在的劳累与病痛也不算白熬……"

回到房间,脑海中不禁放映着每次考试失利时他们对我的鼓励与关爱,我回忆着他们每次互相捶背、强忍疼痛、偷偷吃药、贴膏药的情景……我抹掉眼角的泪水,感慨万分:学习是通往成功最快的捷径,为了更好的未来、更好的生活,拼了。从那刻起,我重新拾起父母的希望,踏上了刷题、复习知识的旅途。白天黑夜连轴运转,奋不顾身地投入其中,最终我收获了父母发自肺腑的欣慰眼神与笑容。

大自然是一个远离尘嚣的世界,在法布尔的笔下,却被赋予了人性化的动态生活,富有人性的昆虫们在大自然的不同领域中扮演着独具一格的主角,演绎着充满趣味的故事。昆虫们为了生存和理想,付出了令人震撼的心力,我也明白了,"追光的人,必定光芒万丈"。

伴随着时间的流逝,书中的旅程进入尾声,我打开窗户,望向窗外,迎接着大自然的气息,不禁感叹:偌大的世界很精彩,昆虫的世界亦是如此。

点石成金

法布尔的《昆虫记》历来为中小学生所喜爱。作者以高中生的眼光读《昆虫记》,没有一味着眼于昆虫的生活习性,而是从昆虫的生活习性出发,分析其品性,见红蚂蚁强盗角色背后的坚韧,见孔雀蛾短暂生命中一心向前的坚信。从自然到人生,从书本到生活,作者以读书所得观照自我,思考自己的学习与生活,懂得了生命的奥秘。

有个地方，有些时光

——读《故乡有灵》有感

◆学校：浙江省海宁卫生学校　◆作者：皇甫天　◆指导老师：杨锦

　　走过很多地方，徜徉过多少时光，才深感此心安处是吾乡。

——题记

　　午后慵懒的阳光透过树梢映在微微泛黄的书页上，身边的一切都是静静的，入秋的天气温柔如水，舒适得很。指尖触摸的那些文字越发温馨，大概是由于故乡是每个人心头最柔软的地方吧！

　　翻开书籍，反复拜读着这本充满回忆的小说，在花如掌灯的故乡，在他的昨日，时光渐行渐远，回忆却随之沉淀。在他的回忆里，那些远去的吃食啊，那些悠然的时光啊，那些渐行渐远的同伴啊，怕是再也回不去了。是的，因为时间太残忍，等你想去找回远去的东西时，早已物是人非，斗转星移。

　　带着安静的心境走进《故乡有灵》，同为舟山人的作者与我有着太多类似的回忆，不知为什么他只是闲敲棋子，却正好打在了我心头。

地理中的故乡

　　我的故乡在舟山，一个如秋天的落叶般平凡，如清晨的露珠般渺小之地，一个极易被人忽视的角落。对我而言，却成了我十五年时光的全部。故乡，天高，云淡，水静，风轻……一条小溪缓缓从故乡村旁流过，我不知道它的源头在哪里，只知道不管它流向何方，终点永远会是故乡。那是一座美丽清静的小镇，在它的怀抱里,那种温暖、踏实是其他东西其他人都无法给予我的。也许真的是这样,走过很多地方,看过万千风光,心中最美的依旧是它——舟山。

岁月里的故乡

在薄暮化开的雨色里,摇几把橹,惊动着嫣然春困的水乡。同南方很多地方一样,小镇多雨。若是天空正好下着雨,撑着把伞便能在外头待上一整天。听人说,小镇以前是个交通要塞,市井繁华。如今,小镇在光阴的剥蚀中消退了以往的景象,只见横竖交错的小巷延伸至矮墙,被雨水冲刷了无数次的木门尽显沧桑。小镇的那条石板路,谁也不知道它有多大年纪了,久经沧桑的青石板看上去似乎亘古固守着那份宁静、那份沉默,一成不变。撑着伞漫步于细雨淋湿的石板,看见青苔爬上桥头墙角,会觉得仿佛跌入一个青苍的梦境里,像醋饮了似的醉了,呓语低回。我眷恋这里,只为那小镇不为人知的细碎流光。

舌尖上的故乡

翻开《故乡有灵》,开篇便是吃食,看着作者花如掌灯的文字就觉得远处飘来阵阵香味。那些吃食多数我是吃过的,或者说有印象,但有些是听都不曾听过的。无意间与母亲谈起《故乡有灵》中的一些内容,她有些许同感,大抵是她也很怀念过去的时光吧。书中所提及的村童四野食——茅针、郭公、毛栗、乌米饭,我竟只对郭公有所了解。母亲说在她童年时代就是这样过日子的,那种滋味想必是甘甜的,也只有她自己知道。生活在舟山,每年都会做年糕,到现在也依旧是习俗,在花如掌灯的印象里,做年糕时烟雾水汽满屋,之前还需要泡米、碾米,碾成粉才去蒸,然后孩子们便可以用各种图案的模板印年糕,印出一条鱼,吃的时候就有鱼的味儿——这种天真美好的想法离我们越来越远,似乎是触及不到了。

心灵内的故乡

合上书,脑海里总是回想着书中故乡的那些人、那些事。我记得和尚来生,我记得那个不会让你知道他什么时候走过的继孟,我还记得作者的那位有意思的小舅舅老猫。那些故人终究会随光阴相继离开的啊,不过,心灵内的故乡,哪里是轻易割舍得下的。在这个浮华的年代,还是回归心里的那个故乡吧! 慢三拍,静一生。去看看那古巷,去望望那老人,去听听鸟鸣,故乡的一切值得我们去怀念啊!

丢了故乡的人,也就永远走不进天堂,愿你将故乡放在心上。即使时间再久,也不妨拭去时光的尘埃,远远地看一眼故乡,静静地思量。

点石成金

一个被称为"故乡"的地方,绝不只是一个地理概念,它关乎地理,更关乎岁月,关乎舌尖,关乎心灵。因拥有同一个故乡,读《故乡有灵》,作者笔下就有了故乡的山水、小镇、美食和亲人,阅读的过程也就成为一次返乡之旅。人类免不了要旅行、远游、迁居,然而对故乡的情感应当永恒。如果作者能够将自己的故乡和书中的故乡做一个有效的联结,在比较异同之中写所读写所感,那么文章的情味就更真更深了。

烈焰中哽咽

——读《活着》有感

◆ 学校:桐乡市凤鸣高级中学 ◆ 作者:徐诗瑶 ◆ 指导老师:龙忠飞

　　小说《活着》以中国农村为背景,用平实朴素的语言,在讲述主人公福贵生平的同时,也展示了农村社会的发展。

　　他本是地主家的少爷,嗜赌败光了祖上家业,妻子家珍不离不弃,福贵也决定发愤图强,却在为母亲求医时被抓去当壮丁,九死一生,等到被解放军俘虏并释放才得以回家。一双儿女乖巧孝顺,日子又有了盼头,可谁知妻子患了软骨病,干不了重活,本来有望当运动员的儿子有庆因为救县长夫人,被抽血过多身亡。福贵原想和县长拼命,可县长又刚好是内战期间的战友春生。再后来女儿凤霞生子大出血,妻子病重,也都死在了医院里。可生活并没有怜悯福贵,女婿二喜因工地事故死了,唯一的孙子豆子吃多撑死了,留得福贵孑然一人活着,和老黄牛在炊烟袅袅、晚霞余晖中走向家的方向,渐渐远去。慢慢地,田野趋向了宁静,四周出现了模糊,霞光逐渐退去。

　　福贵的人生一直在失去,身边的人一个个远去,在第三者的角度,我不免感慨一句"悲剧般的人生"。生活像一把利刃,把美好的东西毁灭给人看。尽管故事的主人公经历了太多的苦难,可在字里行间,我们亦能感受到温情和人性的闪光点——身为千金小姐的家珍与福贵风雨同舟,同甘共苦;有庆听说要献血,第一个跑到医院;二喜为了不被村里人看好的凤霞风风光光地出嫁,罄尽所有花了大价钱撑场面;城里人对哑巴新娘凤霞多有照顾;福贵也是知错就改,改了一身的臭毛病踏踏实实过日子。生活在其中,与苦难同行,悲凉,痛苦,灾祸,经历不幸更能体会温暖,柔情,和煦,甜蜜。虽然命运多舛,福贵却能在困苦中重新抬起头来,前方是未知的,命运是无奈的,生活是不可捉摸的,他不抱怨,平凡宁静地活着,乐观积极地活着。正如余华所说:"人是为活着本身而活着的,而不是为了活着之外的任何事物所活着。"虽然失去了一切,但生活才真正开始,福贵感受到了身为普通人的幸福,虽然痛苦不曾间断,却也享受了该享受的时光,如福贵所说:"我是有时候想想伤心,有时候想想又很踏实,家里人全是我送的葬,全是我亲手埋的,到了有一天我腿一伸,也不用担心谁了。"生活的点点滴滴,让他知足,不幸的终局无人能预料。

有句俗话说"好死不如赖活着",活着总比死了强。有人认为这是苟且偷生,是苟延残喘,是窝囊地活着,凑合着过,认为要"宁为玉碎,不为瓦全",为正义的事业牺牲。其实两者并不冲突。夏言不计私仇,栽培徐阶。在被奸臣陷害时,徐阶却"忘恩负义",不曾为恩师说过一句话。所有人都鄙视他,说他屈于严嵩和严世蕃的淫威,是个怕死的小人。可徐阶忍受了,因为只有活下去才有希望。他隐忍近三十年才扳倒严党。徐阶并不怕为正义牺牲,也曾顶撞领导,不当孬种,可是这无法取得实质性的进展。他把生和死结合在一起,在死中见正义,在生中见希望。活着本身,就充满让人向往的意义,充满鲜活的魅力。余华在韩文版自序中写道:"作为一个词语,'活着'在我们中国的语言里充满了力量,它的力量不是来自于喊叫,也不是来自于进攻,而是忍受,去忍受生命赋予我们的责任,去忍受现实给予我们的幸福和苦难、无聊和平庸……"

歌颂赞扬苦难的鸡汤麻痹了思想,在我们为贫困地区的孩子考上重点大学而高兴喝彩,感谢他们所经受的苦难时,是否应该想一想,假如他们生活在教育资源充足的地区,是否可以更早成才?那些苦难是不是必要的苦难?那些成功的人靠的是自己向上的力量、家人的支持鼓励和社会各界的帮助,而不是所谓"苦难"的力量。我们赞美的是成功克服苦难的精神,绝不是美化苦难,把苦难送上成功的圣坛。有人也曾说过:"永远不要相信苦难是值得的,苦难就是苦难,苦难不会带来成功,苦难不值得追求,磨练意志是因为苦难无法躲开。"

在抗击新冠肺炎疫情中,无硝烟的战争打响。封城管控,透过窗向外望去,寂静的街道,弥漫着恐惧和不安,有无良商家哄抬口罩价格,有不服从政府管理私自扰乱社会治安的人。但也有助人为乐的志愿者自发组织支援,还有医学工作者爱岗敬业,更有民众全力支持。作为普通人,我深感生活并不安逸,活着是艰难的,甚至在物质财富丰富的当下,很多人并没有比福贵幸福。

好好活着,即使生活艰难困苦,总要或抬头或埋头地活下去,为活着而活着。

点石成金

　　福贵的人生,是悲剧的人生,是把美好的东西毁灭了给人看,这是作者读《活着》后的第一感受。是苟且偷生还是"宁为玉碎,不为瓦全",这是作者读小说后的进一步思考。忍受苦难、赞美苦难,是否是面对苦难的唯一方式? 这是作者极为可贵的终极追问。在这一追问的基础上,直面苦难,好好活着,是作者给出的最后答案。本文有感有思,有问有答,环环相扣,真切自然,给中学生阅读做出了榜样。